*Estudos Históricos* 69
direção de
Fernando Novais
István Jancsó

# ESTUDOS HISTÓRICOS

TÍTULOS PUBLICADOS ATÉ 2003

*Portugal e Brasil na Crise do Antigo Sistema Colonial (1777-1808)*, Fernando Novais
*As Ferrovias de São Paulo: 1870-1940*, Flávio A. M. de Saes
*História e Tradições da Cidade de São Paulo*, Ernâni Silva Bruno (3 volumes)
*A Condição Feminina no Rio de Janeiro no Século XIX*, Miriam Moreira Leite
*Metamorfoses da Riqueza: São Paulo, 1845-1895*, Zélia Maria Cardoso de Mello
*História da Guerra do Peloponeso*, Tucídides
*Trabalho, Progresso e a Sociedade Civilizada*, Iraci Galvão Salles
*Vieira e a Visão Trágica do Barroco*, Luís Palacin
*A Conquista da Terra no Universo da Pobreza*, Luiza Rios Ricci Volpato
*O Tempo Saquarema: a Formação do Estado Imperial*, Ilmar Rohloff de Mattos
*A Revolução Industrial no Século XVIII*, Paul Mantoux
*O Engenho: Complexo Econômico-Social Cubano do Açúcar* (vol. I), Manuel Moreno Fraginals
*Cocheiros e Carroceiros: Homens Livres no Rio de Senhores e Escravos*, Ana Maria da Silva Moura
*Negro na Rua: a Nova Face da Escravidão*, Marilene Rosa Nogueira da Silva
*Pré-Capitalismo e Capitalismo: a Formação do Brasil Colonial*, Sedi Hirano
*O Engenho* (vols. II e III), Manuel Moreno Fraginals
*Raízes da Concentração Industrial em São Paulo*, Wilson Cano
*Peregrinos, Monges e Guerreiros: Feudo-Clericalismo e Religiosidade em Castela Medieval*, Hilário Franco Júnior
*O Abastecimento da Capitania das Minas Gerais no Século XVIII*, Mafalda Zemella
*A Borracha na Amazônia: Expansão e Decadência (1850-1920)*, Barbara Weinstein
*Europa, França e Ceará: Origens do Capital Estrangeiro no Brasil*, Denise Monteiro Takeya
*A Independência do Brasil*, Fernando Novais & Carlos Guilherme Mota
*A Espada de Dâmocles: o Exército, a Guerra do Paraguai e a Crise do Império*, Wilma Peres Costa
*Na Bahia, Contra o Império: História do Ensaio de Sedição de 1798*, István Jancsó
*Uma Cidade na Transição. Santos: 1870-1913*, Ana Lúcia Duarte Lana
*Mendigos, Moleques e Vadios na Bahia do Século XIX*, Walter Fraga Filho
*Colônia e Nativismo: a História como "Biografia da Nação"*, Rogério Forastieri da Silva
*Portugal na Época da Restauração*, Eduardo D'Oliveira França
*A Nova Atlântida de Spix e Martius: Natureza e Civilização na Viagem Pelo Brasil (1817-1820)*, Karen Macknow Lisboa
*Barrocas Famílias: Vida Familiar em Minas Gerais no Século XVIII*, Luciano Raposo de Almeida Figueiredo
*Uma República de Leitores: História e Memória na Recepção das Cartas Chilenas (1845-1989)*, Joaci Pereira Furtado
*O Universo do Indistinto: Estado e Sociedade nas Minas Setecentistas (1735-1808)*, Marco Antonio Silveira
*Estado e Agricultura no Brasil: Política Agrícola e Modernização Econômica Brasileira (1960-1980)*, Wenceslau Gonçalves Neto
*A Ciência dos Trópicos: a Arte Médica no Brasil no Século XVIII*, Márcia Moisés Ribeiro
*A Mísera Sorte: a Escravidão Africana no Brasil Holandês e as Guerras do Tráfico no Atlântico Sul (1621-1648)*, Pedro Puntoni
*A Nação como Artefato: Deputados do Brasil nas Cortes Portuguesas (1821-1822)*, Márcia Regina Berbel
*Administração e Escravidão: Idéias Sobre a Gestão da Agricultura Escravista Brasileira*, Rafael de Bivar Marquese
*Homens de Negócio: a Interiorização da Metrópole e do Comércio nas Minas Setecentistas*, Júnia Ferreira Furtado
*A República Ensina a Morar (Melhor)*, Carlos A. C. Lemos
*A Historiografia Portuguesa, Hoje*, José Tengarrinha (coordenador)
*Bases da Formação Territorial do Brasil: o Território Colonial Brasileiro no "Longo" Século XVI*, Antonio Carlos Robert Moraes
*A Bahia e a Carreira da Índia*, José Roberto do Amaral Lapa
*Imigração Portuguesa no Brasil*, Eulália Maria Lahmeyer Lobo
*A Guerra dos Bárbaros: Povos Indígenas e a Colonização do Sertão Nordeste do Brasil*, Pedro Puntoni
*O Rei no Espelho: a Monarquia Portuguesa e a Colonização da América (1640-1720)*, Rodrigo Bentes Monteiro
*Estado e Nação no Fim dos Impérios Ibéricos no Prata (1808-1828)*, João Paulo G. Pimenta
*O Jovem Rei Encantado: Expectativas do Messianismo Régio em Portugal, Séculos XIII a XVI*, Ana Paula Torres Megiani
*Luta Subterrânea: o PCB em 1937-1938*, Dainis Karepovs
*Estes Penhascos: Cláudio Manuel da Costa e a Paisagem das Minas*, Sérgio Alcides
*Brasil: a Formação do Estado e da Nação*, István Jancsó (org.)

# ESTRATIFICAÇÃO SOCIAL E MOBILIZAÇÕES POLÍTICAS NO PROCESSO DE FORMAÇÃO DO ESTADO NACIONAL BRASILEIRO: MINAS GERAIS, 1831-1835

DE ANDRÉA LISLY GONÇALVES, NA EDITORA HUCITEC

"Lideranças Restauradoras e Mobilizações Populares na Formação do Estado Nacional Brasileiro: Minas Gerais, 1831-1833". In:
Wilma Peres Costa & Cecília Helena de Salles Oliveira (org.)
*De um Império a Outro: Formação do Brasil, séculos XVIII e XIX*

ANDRÉA LISLY GONÇALVES

# ESTRATIFICAÇÃO SOCIAL E MOBILIZAÇÕES POLÍTICAS NO PROCESSO DE FORMAÇÃO DO ESTADO NACIONAL BRASILEIRO: MINAS GERAIS, 1831-1835

ADERALDO & ROTHSCHILD

São Paulo, 2008

© Direitos autorais, 2007,
de Andréa Lisly Gonçalves.
© Direitos de publicação reservados por
Aderaldo & Rothschild Editores Ltda.,
Rua João Moura, 433
05412-001 São Paulo, Brasil
Telefone/Fax: 55 11 3083-7419
Atendimento ao Leitor: 55 11 3060-9273
lerereler@hucitec.com.br
www.hucitec.com.br

Depósito Legal efetuado.

Coordenação editorial
MARIANA NADA

Assessoria editorial
MARIANGELA GIANNELLA

Apoio

Fundação de Amparo à Pesquisa
do Estado de Minas Gerais

CIP-Brasil. Catalogação-na-Fonte

Sindicato Nacional dos Editores de Livros, RJ

G684e

Gonçalves, Andréa Lisly, 1961-
  Estratificação social e mobilizações políticas no processo de formação do estado nacional brasileiro : Minas Gerais, 1831-1835 / Andréa Lisly Gonçalves. – São Paulo : Aderaldo & Rothschild ; Belo Horizonte, MG : Fapemig, 2008.
  152p. : . –(Estudos históricos ; v.69)

Anexos
Inclui bibliografia
ISBN 978-85-60438-45-7

1. Minas Gerais – História – Século XIX. 2. Minas Gerais – Historiografia. 3. Classes sociais – Minas Gerais – Atividades políticas – História. 4. Brasil. – História – Regências, 1831-1840. I. Fundação de Amparo à Pesquisa do Estado de Minas Gerais. II. Título. III. Série.

07-4308                                          CDD 981.51
                                                 CDU 94(815.1)

*A Eva, minha Mãe*
*A Fernando Novais, meu mestre.*

Cidadãos teóricos de uma nação imprecisa.
—Albert Camus. *O primeiro homem*, p. 181

# SUMÁRIO

|  | PÁG. |
|---|---|
| AGRADECIMENTOS . . . . . | 13 |
| INTRODUÇÃO. . . . . . | 15 |

*Capítulo 1*
O "IMPÉRIO COMO VOCAÇÃO" . . . . 21
Estado e Nação na historiografia brasileira. . . . 21
Os temas na historiografia sobre Minas Gerais. . . . 32

*Capítulo 2*
"UMA PROVÍNCIA: ESTA" . . . . . 37
Historiografia sobre a economia mineira oitocentista . . 37
Diversidade em uma economia mercantil de subsistência . . 49

*Capítulo 3*
CONFLITOS ÉTNICOS E SEDIÇÕES NA PROVÍNCIA DE MINAS GERAIS (1831-1833) . . . . . . 55
"Republicanos" e "Monarquistas" em um país de escravos . . 55
Os motins na comarca de Ouro Preto (1831) . . . 56
A "Sedição do Ano da Fumaça" . . . . . 78
Rebelião escrava na comarca do Rio das Mortes . . . 87
O fim da "Sedição do Ano da Fumaça" . . . . 93

*Capítulo 4*
UMA TENTATIVA DE RECONSTITUIÇÃO DO PERFIL SOCIOECONÔMICO DOS SEDICIOSOS . . . . 99

"Povo e Tropa". . . . . . . 99
As fontes e a metodologia . . . . . 101
Uma sedição de militares?. . . . . . 106
As diferentes posses de escravos . . . . 110
Potentados e médios proprietários . . . . 114
As "classes heterogêneas" . . . . . 121

*Capítulo 5*
REBELIÃO ESCRAVA NA COMARCA DE OURO PRETO (1835).   129

CONSIDERAÇÕES FINAIS . . . . . 137

REFERÊNCIAS . . . . . . 139
Fontes primárias manuscritas. . . . . 139
Fontes primárias digitalizadas . . . . 140
Fontes primárias impressas . . . . . 140
Bibliografia . . . . . . . 141

ANEXOS . . . . . . . 149

**Lista de Quadros**
1. Dados sobre os sediciosos localizados . . . . 104
154

**Lista de Tabelas**
1. Ocupações dos sediciosos localizados nos Censos . . 107
2. Ocupações dos escravos por faixas de tamanho dos plantéis — valores absolutos . . . . . . 109
3. Ocupações dos escravos por faixas de tamanho dos plantéis — valores porcentuais . . . . . . 110
4. Total de escravos nos fogos dos sediciosos localizados nos Censos 110
5. Estrutura dos plantéis dos sediciosos localizados nos Censos . 111
6. Distribuição por sexos dos escravos dos fogos dos sediciosos localizados nos Censos . . . . . . . 112
7. Faixas etárias dos escravos dos fogos dos sediciosos localizados nos Censos . . . . . . . 112
8. Condições dos habitantes nos fogos dos sediciosos localizados nos Censos . . . . . . . 113
9. Situação familiar dos habitantes dos fogos dos sediciosos . 113
10. Ocupações dos agregados e outros indivíduos livres não parentes nos fogos dos sediciosos . . . . . 113

# AGRADECIMENTOS

UMA PREOCUPAÇÃO muitas vezes presente, principalmente nos trabalhos de natureza historiográfica, é a da identificação das matrizes teóricas às quais se filiam os estudos históricos. Na maioria dos casos, e em se tratando de história do Brasil, o sentido percorrido por essas matrizes é praticamente único: dos países do Norte — para adotarmos um termo contemporâneo e que tem a vantagem de evitar a sempre polêmica designação "centro-periferia" — para os do Sul. Uma constatação sem dúvida nenhuma injusta. E isso, antes mesmo de que os estudos chamados pós-coloniais revelassem o seu potencial explicativo. É nesse âmbito da produção original de conhecimento que gostaria de mencionar aquele a quem reservo meus melhores agradecimentos: o Professor Fernando Novais. Reconhecido internacionalmente, talvez a orientação de um trabalho de pós-doutorado não precisasse constar entre suas preocupações. Mas se deu exatamente o oposto: a atenção que me dispensou fazia-me acreditar que era um trabalho importante e minha preocupação maior era não decepcionar o mestre. Certamente — e aqui não é mera formalidade — devo às indicações do Professor Novais o que de melhor há nesse trabalho que agora se apresenta na forma de livro.

Agradeço, na figura do Professor István Jancsó, de quem sempre tive uma acolhida fraterna, seja participando de simpósios organizados pelo Grupo Temático em Congressos na área de História, seja em encontros informais na Universidade de São Paulo, à Editora Hucitec, que desde o início demonstrou grande interesse na publicação desta pesquisa.

A contribuição de amigos como João Antônio de Paula e Iris Kantor torna o trabalho intelectual uma jornada venturosa.

Para realização deste livro, contei com o apoio dos colegas do Departamento de História da Universidade Federal de Ouro Preto (Ufop), onde leciono há quase um quarto de século. Contornando todas as dificuldades de um quadro de professores que apenas nos últimos cinco anos vem se recompondo, eles permitiram minha liberação total para a realização do pós-doutorado na Universidade de São Paulo (USP), no ano de 2004.

O interesse em dar publicidade aos resultados obtidos no Programa de Pós-Doutorado da USP permitiu que eu retomasse o contato com Lucilia de Almeida Neves Delgado. Encontrando-se entre os melhores professores do meu curso de graduação — Lucilia começou a lecionar muito cedo — em todas as oportunidades que tive de encontrá-la, e que foram em menor número do que eu gostaria, reencontrei a pessoa generosa e profissional competente que todos conhecem. Agradeço a ela, particularmente, pela atenção que me dispensou, confirmando que o afeto resiste à distância imposta pelas numerosas atividades da vida acadêmica.

Por ter-se realizado em período relativamente curto, não foi possível contar, de forma direta, com nenhum tipo de bolsa para a conclusão deste trabalho. Digo diretamente porque, ao longo de todos os anos em que me venho dedicando à pesquisa, com ênfase em História de Minas Gerais, tendo contado com diferentes formas de apoio da Fundação de Amparo à Pesquisa do Estado de Minas Gerais (Fapemig), com o destaque para o seu Programa de Bolsas de Iniciação Científica. Assim como foi essencial para a realização de minha tese de doutorado, também defendida na Universidade de São Paulo, no mínimo, as considerações que faço no capítulo sobre a malograda revolta de 1835, no Termo de Mariana, que consta do presente estudo, não seriam possíveis sem o dedicado trabalho de bolsistas financiados pela Fundação de Amparo à Pesquisa do Estado de Minas Gerais.

# INTRODUÇÃO

"TODA NAÇÃO É OUTRA", conclui Jean Bouvier ao comparar a França com os demais países europeus uma vez que "... à semelhança de toda nação e de todo Estado, a França foi naturalmente outra do que seus vizinhos".[1] Se a observação da diversidade deve ser o fio condutor da reconstituição dos processos de construção dos Estados e das Nações no Ocidente, parece também correta a idéia de que as singularidades históricas, no que diz respeito a esse assunto, estão sempre referidas a uma espécie de modelo sem o qual não seria possível sequer apontar alguma singularidade. E, não raro, no que se relaciona ao tema específico da formação do Estado e da Nação modernos, o procedimento de análise muitas vezes adota como paradigma as experiências históricas dos países da Europa Central. Hoje, já não causa estranheza a preterição dos exemplos de Portugal e Espanha, por um bom tempo apontados como pioneiros nos processos de constituição da Nação e do Estado centralizado, o que certamente resulta de uma dupla tradição, não apenas historiográfica, mas igualmente da ciência política.

Muitas vezes referido com o termo vago *iberismo*, que tanto pode significar uma diáfana, porém ubíqua cultura política, quanto condicionantes históricos que particularizam a experiência espanhola e portuguesa, não raro a conclusão é de que essas formações haveriam se "desviado" de uma matriz tipicamente européia, apesar do aparente sucesso e pioneirismo na concretização

---

[1] Jean Bouvier. Libres propos autour d'une démarche révisionniste. In: P. Fridenson & A. Strauss (ed.). *Le capitalisme français XIX$^e$-XX$^e$ siècles*. Paris, 1987, pp. 11-27. Citado em Heinz-Gerhard Haupt. O lento surgimento de uma história comparada. In: Jean Boutier & Dominique Julia (orgs.) *Passados recompostos*. Rio de Janeiro: UFRJ/FGV, 1998, p. 208.

de tarefas voltadas para a constituição de um Estado centralizado e uma certa unidade territorial responsáveis, em boa parte, pelo êxito alcançado na chamada expansão ultramarina.

Mais recentemente, porém, o que as análises têm procedido é ao questionamento da efetividade da centralização alcançada sobretudo pelo Estado em Portugal, uma vez que, ao contrário do que se afirmava, os localismos não teriam cedido nenhum espaço aos esforços de concentração de poder intentados pela Monarquia Portuguesa.[2]

Desafio particular ao estudo dos temas em questão é o representado pela emergência das abordagens sobre a formação do Estado e da Nação dos países ibero-americanos. Se a historiografia tem insistido no fato de que o que unifica tais processos no Novo Mundo é exatamente seu passado colonial,[3] sobejam, aqui também, as singularidades.[4] A maior delas, talvez, as que diferenciam a experiência da América inglesa da que tem lugar na América portuguesa e hispânica.

No contexto da Ibero-América, aproximam a trajetória de suas ex-colônias rumo à instável construção do Estado e da Nação, não apenas o passado colonial — este, também, marcado pela diversidade — mas também a pretensão de uma solução monárquica, acalentada no momento das chamadas guerras de independência. Que o modelo adotado com sucesso apenas na América portuguesa foi perseguido pelas futuras nações hispano-americanas não deixam dúvidas não apenas a proposição de que, à semelhança do que ocorrera com a Corte Portuguesa, os *Bourbons* viessem a instalar uma Corte nos trópicos, mas, uma vez falhada essa alternativa, nas iniciativas do *cabildo* de Buenos Aires de operar um verdadeiro golpe dinástico com a entronização de um membro da Casa dos *Bourbons*, solução que trazia embutida uma clara

---

[2] António Manuel Hespanha. A constituição do Império português. Revisão de alguns enviesamentos correntes. In: João Luiz Ribeiro Fragoso, Maria Fernanda Baptista Bicalho & Maria de Fátima Silva Gouvêa. *O Antigo Regime nos trópicos: a dinâmica imperial portuguesa (séculos XVI-XVIII)*. Rio de Janeiro: Civilização Brasileira, 2001, pp. 163-88.
[3] Wilma Peres Costa. A Independência na historiografia brasileira. In: István Jancsó (org.). *Independência: história e historiografia*. São Paulo: Hucitec-Fapesp, 2005, p. 53.
[4] Para cujo entendimento colabora a observação de Fernando Novais, ainda que formulada para um outro tema e contexto, as condições de privacidade na América portuguesa: "... de um lado, sua inserção [da Colônia] nos quadros da civilização ocidental; de outro, a sua maneira peculiar de integrar-se naquele universo". Fernando Antônio Novais. Condições da privacidade na Colônia. In: Fernando A. Novais (coordenador geral) & Laura de Mello e Souza (organizadora do volume). *História da vida privada no Brasil: cotidiano e vida privada na América portuguesa*. São Paulo: Companhia das Letras, 1997, p. 15.

APRESENTAÇÃO 17

pretensão imperial.⁵ Pretensão essa que marcou os projetos da ex-colônia portuguesa na América, mal-encaminhado o processo de emancipação política e que irá assumir facetas diversas, desde a busca de atualização da herança imperial portuguesa, agora afastada a antiga Metrópole, direcionada aos territórios contíguos da América⁶ e que encontrará nas formulações de José Bonifácio a sua mais completa tradução — projeto, aliás, providencial, uma vez que supunha, não obstante as manifestas convicções pessoais em contrário do Andrada, a manutenção da instituição da escravidão⁷ — para terminar, décadas mais tarde, no que Ilmar Rohloff Mattos irá se referir como processo de criação do Império.⁸

Completa a especificidade da formação da nação brasileira, até aqui definida pela combinação entre país independente e monarquia, a manutenção e reiteração do escravismo: "A segunda singularidade consiste em que se constituiu, no Brasil, o único Estado independente plenamente escravocrata. Ademais de independente, sob forma de monarquia rigidamente centralizada. Fator que potenciou a coesão interna da formação social escravista".⁹

Se a construção do Estado e da Nação não seriam processos coetâneos nos "países centrais", tal constatação talvez ganhe ainda maior densidade quando se trata do Novo Mundo. E, antes de tudo, é preciso considerar que a determinação de uma periodização dos processos de formação do Estado e da Nação é uma boa oportunidade para definições teóricas que se mostrarão fundamentais para o entendimento do assunto. Será por ela, portanto, que iniciaremos o Capítulo 1 deste trabalho. Nele serão tratados, com base na análise historiográfica, o tema da Independência do Brasil, mas somente pelo

---

5  Sobre o assunto ver, dentre outros, Oliveira Lima. *D. João VI no Brasil*. Rio de Janeiro: Topbooks, 1996 e Francisca L. Nogueira de Azevedo. *Carlota Joaquina na Corte do Brasil*. Rio de Janeiro: Civilização Brasileira, 2003.
6  Diante da impossibilidade de o Império expandir-se além-fronteiras, ele deveria promover, na expressão do autor "uma expansão para dentro" a qual necessariamente, redefiniria o relacionamento entre o Governo da Casa e do Estado, superando heranças do passado colonial, difundindo valores, signos e símbolos imperiais, elaborando uma literatura, consolidando uma língua e uma história nacionais, reforçando, assim, a identificação entre Império e unidade territorial. Ilmar Rohloff de Mattos. Construtores e herdeiros: a trama dos interesses na construção da unidade política. In: István Jancsó (org.). *Independência: história e historiografia*, cit., 2005, pp. 271-300.
7  José Bonifácio de Andrada e Silva. *Projetos para o Brasil*. São Paulo: Companhia das Letras, 1998.
8  Ilmar Rohloff Mattos. Construtores e herdeiros: a trama dos interesses na construção da unidade política. In: István Jancsó (org.) *Independência: história e historiografia*, cit., 2005, pp. 271-300.
9  Jacob Gorender. *A escravidão reabilitada*. São Paulo: Ática, 1990, p. 139.

fato de que ele se relaciona à formação do Estado e da Nação brasileiros,[10] além das "diversas temporalidades" envolvidas no processo.[11] No segundo capítulo, será abordada uma conjuntura específica da História do Brasil Imperial, em um recorte espacial também específico, a província de Minas Gerais. Os autores que se ocuparam da análise da província, atentos à inserção de Minas, seja no processo de independência, seja no período regencial, têm insistido no fato de que a compreensão da natureza da economia e sociedade mineiras é um elemento decisivo para o entendimento do papel que a região[12] representou nas décadas iniciais da história imperial. Por isso mesmo, pretende-se apresentar um quadro o mais detalhado possível da economia e demografia do período provincial mineiro.

Fundamental para o entendimento das "contradições presentes no processo construtivo do Estado imperial"[13] os anos compreendidos entre 1831 e 1835 estarão marcados, na província, por intensas mobilizações, onde se confrontarão, de forma mais ou menos explícita, variados projetos de nação que empolgavam diferentes setores sociais. No Capítulo 3 dar-se-á ênfase especial ao processo histórico que culminará na *Sedição de Ouro Preto*, ou *Revolta do Ano da Fumaça*, em 1833. Constatou-se que fatores de natureza étnica inspiraram a participação de vários personagens, sobretudo nas Comarcas de

---

[10] Tarefa magistralmente empreendida por Wilma Peres Costa em seu texto "A Independência na historiografia brasileira". In: István Jancsó (org.). *Independência: história e historiografia*, cit., 2005, pp. 53-118, do qual é tributária boa parte das análises aqui apresentadas.
[11] Jurandir Malerba. Esboço crítico da recente historiografia sobre independência do Brasil (desde c. 1980). Working paper number CBS-45-03. Centre for Brazilian Studies. University of Oxford.
[12] Região aqui entendida no sentido atribuído por Ilmar Rohloff de Mattos. Construtores e herdeiros: a trama dos interesses na construção da unidade política. In: István Jancsó (org.). *Independência: história e historiografia*, cit., 2005, pp. 271-300. Maria Yedda Linhares também contribui para a construção do conceito de região ao observar que "A esse espaço que recortamos e analisamos a partir de problemáticas precisas, denominamos Região; daí a história regional ou a história local de nossa escolha. Para o pesquisador, trata-se de reconstruir estruturas sociais, econômicas e ideológicas (ou mentais, como preferem os franceses), com fontes precisas e abundantes, introduzindo-se um recorte geográfico possível — a região, uma invenção do historiador, a qual pode também coincidir com o recorte geográfico, embora não necessariamente". Metodologia da História quantitativa: balanço e perspectivas. In: Tarcísio Rodrigues Botelho et al. *História quantitativa e serial no Brasil: um balanço*. Goiânia: Anpuh-MG, 2001, p. 14.
[13] Geraldo Mártires Coelho. Onde fica a Corte do Senhor Imperador? In. István Jancsó (org.). *Brasil: formação do Estado e da Nação*. São Paulo-Ijuí: Hucitec-Fapesp-Ed. Unijuí, 2003, p. 272 n.

Ouro Preto, em 1831, e na do Rio das Mortes, em 1833, e que as peculiaridades da sociedade mineira, com o peso significativo da população mestiça, levou a que destacados segmentos das "classes ínfimas" se envolvessem nos movimentos.

No capítulo seguinte, e com base em documentação censitária, as Listas Nominativas de Minas Gerais elaboradas para os anos de 1831, 1832, 1838 e 1840, e seriada, os dados da Alfândega do Rio de Janeiro para os anos de 1824 a 1830 será apresentado o perfil socioeconômico, o mais completo possível, de personagens, lideranças ou não, dos movimentos ocorridos na província naquela quadra do período regencial. Com o procedimento, pretendeu-se interpretar o peso que a origem social das partes em conflito desempenhou na formação de alianças, muitas vezes instáveis, que se verificaram naquela conjuntura específica.

A abordagem da malograda insurreição de escravos da cidade de Mariana, planejada para ocorrer a 24 de junho 1835, dia de São João, encerrará o presente trabalho. Julgamos que não é fortuita a ocorrência de planos sediciosos, liderados por escravos, no mesmo ano do *Levante dos Malês*, em Salvador, ainda que se tratem de movimentos irredutíveis, seja do ponto de vista étnico-religioso, seja pela abrangência das tramas.

# Capítulo 1
# O "IMPÉRIO COMO VOCAÇÃO"

> ... a minha análise procura entender a separação com relação à metrópole e a formação do Estado Nacional como sendo uma maneira de encaminhar a crise do Sistema colonial. Não uma maneira necessária, mas uma das maneiras possíveis porque foi ela que se concretizou historicamente. Não quer dizer que isso estivesse nos desígnios, tivesse obedecido a uma determinação econômica, ou divina ou natural, nada disso; o que nós podemos fazer em história são certas aproximações na reconstituição.
>
> —Fernando A. Novais[1]

## Estado e Nação na historiografia brasileira

Na entrevista que me concedeu em março de 2001, da qual extraí a passagem que serve de epígrafe a este capítulo, Fernando Novais esclareceu que seu interesse em estudar a história de Portugal e Brasil na Crise do Antigo Sistema Colonial se originava do desejo de entender os desdobramentos da superação desse sistema no chamado processo de formação do Estado Nacional Brasileiro.

Certamente, as contribuições teóricas e a pesquisa histórica do autor revelaram-se como as mais profícuas bases para o entendimento da formação do Estado e da Nação brasileiros, fenômenos não coetâneos, mas assim como a emancipação política, relacionados a transformações de caráter estrutural, ainda que marcados por conjunturas específicas, aceleradas pelos ritmos das mudanças e, como não poderia deixar de ser, das permanências, sempre ressignificadas de acordo com os diversos contextos, temporalidades, regiões, etc.

---

[1] Entrevista. *LPH*. Revista de História, Mariana: Ufop, ano 11, n.º 11, 2001, pp. 3-16.

A contribuição de Fernando Novais inscreve-se em uma tradição historiográfica que recusava as abordagens pautadas na continuidade e mostrava as mudanças profundas ocorridas nessa quadra da história marcada por um período de transição.

Porém, os legados, as heranças foram marca indelével de determinada historiografia sobre a Independência, mesmo a apontada como fundadora, como é o caso da obra de Varnhagen, apenas precedida pela proposta de Martius cujas premissas, contidas em sua monografia vitoriosa no concurso promovido pelo IHGB, "Como escrever a História do Brasil", o autor de *História Geral do Brasil* pretendeu desenvolver em sua obra.

Não é o caso aqui, de esmiuçar o papel representado por *História Geral do Brasil* no conjunto das interpretações sobre a formação do Estado e Nação brasileiros, ou os compromissos do autor de realizar a grande síntese sobre o Brasil sob a égide do Poder Monárquico, assuntos por demais abordados pela historiografia.[2] O que parece importante é apenas ressaltar a forma como Varnhagen concebeu as relações entre emancipação política, formação do Estado e da Nação brasileira.

A perspectiva do autor, resumida na idéia de que a História do Brasil constituiu-se como um ramo da História de Portugal, por si só afastaria qualquer possibilidade de ruptura entre o passado colonial e a nação independente, cabendo à Monarquia o trunfo da preservação da unidade territorial, espaço cuja dimensão estaria à altura do projeto civilizacional empreendido pelos portugueses.

É nessa perspectiva, que podemos entender a condenação do autor aos movimentos de contestação ao domínio português em fins do século XVIII e primeiras décadas do XIX, sobretudo pela ameaça que representaram, no caso da Conjuração Mineira, à unidade da nação, pois de seu êxito resultaria "Uma pequena república encravada no império" estimulando a que outras nações se aproveitassem "da quebra da unidade [para] lutar por outros territórios brasileiros"; o que não seria diferente no caso da Revolução Baiana, com o agravante de que se teria constituído "um arremedo do horror da Revolução Francesa"; ou ainda

---

[2] Sobre a obra de Francisco Adolfo de Varnhagen ver, dentre outros: J. Capistrano de Abreu. Sobre o Visconde de Porto Seguro. In: *Ensaios e estudos: crítica e história*. Rio de Janeiro-Brasília: Civilização Brasileira-INL, 1975; José Honório Rodrigues. Varnhagen: mestre da História Geral do Brasil. In: *Revista do IHGB*, abril-junho de 1967; Alice P. Canabrava. Apontamentos sobre Varnhagen e Capistrano. In: *Revista de História*, vol. XVIII, n.º 88. São Paulo: USP, outubro-dezembro de 1971; Nilo Odália (org.). *Varnhagen*. São Paulo: Ática, 1979; José Carlos Reis. *As identidades do Brasil: de Varnhagen a FHC*. Rio de Janeiro: FGV, 2000; Lilia M. A. Schwarz. *As barbas do imperador*. São Paulo: Companhia das Letras, 1998. Arno Wehling. *Estado, história, memória: Varnhagen e a construção da identidade nacional*. Rio de Janeiro: Nova Fronteira, 1999.

da Revolução Pernambucana de 1817, totalmente "desprovida de sentido" visto já ser a independência do Brasil uma realidade pelo menos desde 1808.³ Em síntese, toda ameaça, real ou imaginária, ao projeto monárquico "comprometeria a continuidade portuguesa na passagem da colônia à nação", revelando uma única lógica que atribuía às continuidades entre o período colonial e o nacional "uma valoração fortemente positiva",⁴ continuidade essa que o movimento de independência, por ser conduzido por um príncipe da Casa de Bragança, não iria interromper, uma vez que o Brasil "continuava português e imperial".⁵

Já entre 1849 e 1850 Varnhagen publica dois Memoriais⁶ nos quais apesar de bater-se pela idéia de que o Estado Monárquico forte e centralizado seria o sinônimo de Nação, é levado a reconhecer que, tendo em vista a rarefação da população brasileira, sua heterogeneidade, a escravidão africana, a preservação da Monarquia não havia sido suficiente para assegurar a formação de uma verdadeira Nação. Tal constatação, só reforçaria seu ataque aos poderes locais e sua oposição à descentralização política e ao reforço dos poderes provinciais.⁷

As concepções de Varnhagen seriam o pólo em torno do qual gravitaria o que recentemente vem sendo designado como "historiografia saquarema". Composto inicialmente por J. M. Pereira da Silva, Justiniano José da Rocha, ambos ligados às instituições oficiais do Império dedicadas à constituição de uma História para a Nação brasileira, e por Joaquim Nabuco (de *Um Estadista do Império*), o grupo de "historiadores Saquaremas" teria continuidade, já na República, em autores como Pandiá Calógeras, Rodolfo Garcia, Oliveira Viana, Oliveira Lima, Hélio Viana, entre outros.⁸

Radicados, em sua maioria, no Rio de Janeiro e partindo da perspectiva de que a Formação da Nação se confunde com o processo de

---
3   José Carlos Reis. Varnhagen (1853-7): o elogio da colonização portuguesa. In: *Varia Historia*, n.º 17, Belo Horizonte: Fafich/UFMG, março de 1997, pp. 125-7.
4   Wilma Peres Costa. A Independência na historiografia brasileira. In: István Jancsó (org.). *Independência: história e historiografia*, cit., 2005, p. 58.
5   José Carlos Reis. Varnhagen (1853-7), cit., p. 127.
6   Memorial Orgânico que à consideração das Assembléias geral e provinciais do Império, apresenta um brasileiro. Dado a luz por um amante do Brasil. s.l., s.n., 1849 e Memorial Orgânico em que insiste sobre a adoção de medidas de maior transcendência para o Brasil. Madri: Imprensa da Viúva de D. R. J. Domínguez, 1850. Apud: Pedro Puntoni. O Sr. Varnhagen e o patriotismo caboclo. In: István Jancsó (org.). *Brasil: formação do Estado e da Nação*, cit., pp. 646-7.
7   Pedro Puntoni. O Sr. Varnhagen e o patriotismo caboclo. In: István Jancsó (org.). *Brasil: formação do Estado e da Nação*, cit., pp. 633-75.
8   Wilma Peres Costa. A Independência na historiografia brasileira. In: István Jancsó (org.). *Independência: história e historiografia*, cit., 2005, p. 60.

construção do Estado, comungariam a idéia de que a obra de centralização política do Império, responsável pela manutenção da unidade brasileira, seria produto da vitória da ação política de lideranças atuantes no Centro-Sul contra o irredentismo "congênito" das províncias setentrionais.[9] Em direção oposta aos que exaltavam o passado colonial na formação da Nação Brasileira, se situariam os nem por isso menos monarquistas José Bonifácio, no Primeiro Reinado, e Joaquim Nabuco na última década do Império.[10] A escravidão constituiria, para Bonifácio e Nabuco, o pior legado de três séculos de colonização e poderia, na opinião do primeiro, comprometer a própria formação da Nação, tanto pelos entraves que representaria à concretização de um projeto de civilização, como também pelos antagonismos sociais inerentes à instituição.[11] José Bonifácio

---

[9] Jurandir Malerba. Esboço crítico da recente historiografia sobre independência do Brasil (desde c. 1980). Working paper number CBS-45-03. Centre for Brazilian Studies. University of Oxford; http://www.brazil.ox.ac.uk/workingpapers/Malerba45.pdf. Em sua crítica ao que denomina "historiografia da corte fluminense" escreve Evaldo Cabral: "Nesta perspectiva apologética, a unidade do Brasil foi concebida e realizada por alguns indivíduos dotados de grande descortínio político, que tiveram a felicidade de nascer no triângulo Rio-São Paulo-Minas e a quem a pátria ficou devendo o haverem-na salvo da voracidade dos interesses provinciais, como se estes fossem por definição ilegítimos, e de gosto, digamos ibero-americano, pela turbulência e pela agitação estéreis, como se Eusébio, Paulino ou Rodrigues Torres não fossem representantes de reivindicações tão regionais quanto as de Pernambuco, Rio Grande do Sul ou do Pará". Evaldo Cabral de Melo. *Frei Joaquim do Amor Divino Caneca*. São Paulo: Editora 34, 2001, p. 16.

[10] De acordo com Wilma Peres Costa, além de José Bonifácio de Andrada e Joaquim Nabuco, Paulino José Soares de Sousa, o futuro Visconde do Uruguai e o liberal Aureliano Cândido Tavares Bastos em *Os Males do Presente e as Esperanças do Futuro* (1860), também se mostravam críticos em relação à escravidão. In: István Jancsó (org.). *Independência: história e historiografia*, cit., 2005, pp. 61-2.

[11] "A construção de um Estado moderno, capaz de gerenciar os conflitos e de implementar um plano civilizador, está presente, por exemplo, em seu projeto de emancipação gradual da escravatura, apresentado à Assembléia Constituinte em 1823...". Miriam Dolhnikoff (org.). *José Bonifácio de Andrada e Silva*. Projetos para o Brasil. São Paulo: Companhia das Letras, 1998. Sobre o mesmo tema ver: Ana Rosa Cloclet da Silva, *Construção da Nação e Escravidão no pensamento de José Bonifácio: 1783-1823*. Campinas: Ed. Unicamp/Centro de Memória, 1999. O rompimento com a herança colonial portuguesa em José Bonifácio vai muito além da questão da crítica ao passado escravista: "Partindo do conceito de Restauração — profundamente marcado pela história do mundo português e sua relação com um passado imediatamente disponível —, Bonifácio rompe com a possibilidade de uma «repetição» da história portuguesa em direção a um projeto regenerador. O conceito de regeneração respondia ao diagnóstico de que o reino de Portugal já não possuía, em si mesmo, as condições necessárias para enfrentar os desafios do mundo moderno. Sem abdicar de Portugal, Bonifácio estabeleceu a possibilidade, até então inexistente em seu discurso, de incorporação do Brasil enquanto espaço para a efetivação de um «Portugal» *renovado* e sincronizado com as narrativas do tempo moderno". Valdei Lopes de Araújo. *A experiência do tempo: modernidade e historicização no Império do Brasil (1813-1845)*. Doutorado. Rio de Janeiro: PUC/RJ, 2003, p. 203 (grifo do autor).

não desconhecia o paradoxo de que a sobrevivência da própria monarquia centralizada dependia da manutenção do tráfico internacional de escravos. Sua defesa da intervenção do Estado, a fim de regulamentar as relações entre senhores e escravos aliviando, assim, os focos de tensão social, sofria as mesmas limitações impostas pelos proprietários escravistas e que faziam também que seu projeto de abolição da escravatura fosse gradual. Sobre esse último aspecto, sabe-se que também pesaram na opção gradualista sua defesa das pretensões imperiais da Monarquia brasileira. Resumindo os dilemas do Andrada, observa Rafael de Bivar Marquese: "Creio não ser errado afirmar que a tese da incompatibilidade estrutural entre liberalismo e escravidão tenha sido formulada pela primeira vez, no Brasil, nessa *Representação* de José Bonifácio".[12]

Além da escravidão, a historiografia republicana irá acrescentar aos então reconhecidos males da História Imperial Brasileira a preservação da aristocracia fundiária e o próprio regime monárquico. Para esta vertente, representada por um Gonzaga Duque em seu *Revoluções Brasileiras*,[13] chegara a hora não apenas de conferir o devido valor ao papel histórico de movimentos sociais como Palmares e a personagens históricas como Tiradentes, mas também de ressituar as aspirações nacionalistas recuando-as para período anterior ao da emancipação política do Brasil. É o que fará, de forma exponencial, Capistrano de Abreu que, segundo Wilma Peres Costa, representará a crítica mais contundente a Varnhagen, principalmente ao assinalar, em sua opção por enfoques regionais que: ". . . a nação, variada em suas manifestações regionais, faz-se à margem ou em rebeldia com a ordem metropolitana".[14]

A tendência à elaboração de uma história regional aprofunda-se com a criação de Institutos Históricos e Geográficos em vários estados o que não impede, porém, que ressurjam obras tendentes a reabilitar a atuação da Monarquia no processo de construção da Nação, agora, porém, ressalvados os papéis desempenhados pelas elites regionais naquele processo. O destaque, nesse caso, é para a obra de Manuel Oliveira Lima, *O Movimento da Independência, 1821-1822*.[15]

Se a República, nos primórdios da implantação do Regime tendeu a produzir uma historiografia compreensivelmente crítica do período Imperial, ao mesmo tempo que se consolidava o poder das oligarquias

---

[12] Governo dos escravos e ordem nacional. In: István Jancsó (org.). *Brasil: formação do Estado e da Nação*. O documento a que o autor se refere é a *Representação à Assembléia-Geral Constituinte e Legislativa do Império sobre a escravatura*.
[13] In: Francisco Foot Hardman & Vera Lins (orgs.). *Resumos históricos*. São Paulo: Ed. Unesp, 1998.
[14] Wilma Peres Costa. A Independência na historiografia brasileira. In: István Jancsó (org.). *Independência: história e historiografia*, cit., 2005, p. 65.
[15] São Paulo: Melhoramentos, 1922.

regionais assistiu-se à emergência de enfoques que exaltavam o regime monárquico, foi a crise da Primeira República, nos anos 1930 que ensejou a emergência de obras de cunho histórico que representarão uma verdadeira ruptura com as interpretações anteriores:

"Hoje, quando pensamos nas grandes «interpretações» surgidas naquele contexto, é sobretudo para três obras que nos voltamos: além do livro de Caio Prado Jr. [*Evolução Política do Brasil*], *Casa-Grande e Senzala* (1933) de Gilberto Freyre e *Raízes do Brasil* (1936) de Sérgio Buarque de Holanda. De lá para cá, os três autores enriqueceram enormemente nossa brasiliana, por caminhos diversos e às vezes opostos, mas vale lembrar aquele ponto de partida: apareceram no bojo do que porventura se possa chamar a «geração de 30», nos quadros de nossa história intelectual."[16]

No que diz respeito aos processos de emancipação política e de formação do Estado e da Nação brasileiros nem sempre as interpretações são convergentes ou possuem o mesmo peso no conjunto da obra dos autores da "geração de 30".

Em Gilberto Freire, em especial no livro *Interpretações do Brasil* (1947), o sentido atribuído à influência da *civilização africana* refere-se ao conceito de iberismo, do qual ressalta a idéia de superioridade da cultura negra na formação da nacionalidade brasileira.

Na mesma linha de autores como Rodó, Unamuno e Ortega y Gasset, Freire irá acentuar o não-europeísmo das nações ibéricas:

"E isto pelo fato universalmente conhecido de que a Espanha e Portugal, embora convencionalmente estados europeus, não foram nunca ortodoxos em todas as suas qualidades, experiências e condições de vida européias ou cristãs (antes, por muitos e importantes aspectos, parecendo um misto de Europa e África, de cristianismo e maometismo)."[17]

Tais singularidades, assentadas na convivência secular entre diferentes culturas, sobretudo aquelas oriundas do continente africano, fruto

---

[16] Fernando Novais. Caio Prado Jr. Historiador. *Novos Estudos Cebrap*, São Paulo, vol. 2, pp. 8-18, jul., 1983, p. 66.
[17] Citado por Elide Rugai Bastos. Iberismo na obra de Gilberto Freyre. *Revista USP*, jun., jul., ago., 1998. O iberismo esteve presente na obra de Sérgio Buarque de Holanda, com destaque para *Raízes do Brasil*. Porém o autor não era nada otimista em sua avaliação da nossa suposta tradição ibérica, insistindo na necessidade de sua superação. *Raízes do Brasil*. Rio de Janeiro: José Olympio, 1986.

da especificidade histórica luso-hispânica, habilitariam as nações da Península Ibérica a adotarem, nas relações estabelecidas com os diferentes povos que passaram a integrar seus respectivos impérios na época moderna, uma prática de incorporação social.

Assim, diferentemente do padrão político predominante nos países da Europa Central, marcado pelo contratualismo individualista, as metrópoles ibéricas, experientes na "capacidade de harmonização de contrates", teriam alcançado reproduzir, no ultramar, sociedades orgânicas e corporativas, tendentes a "desconsiderar o indivíduo em favor de direitos coletivos, da vontade comum",[18] em suma, uma sociedade marcada pela capacidade de incorporar povos não cristãos à civilização européia.

O mesmo êxito alcançado pela nação portuguesa na transição entre Oriente e Ocidente responderia pelo sucesso da transposição Europa/ América que articularia o Brasil a Portugal.[19] Se na experiência portuguesa o elemento mouro representou um papel fundamental, no caso da América portuguesa esse papel estará reservado ao escravo negro. Gilberto Freire não hesita em atribuir ao hotentote uma tarefa civilizadora nos trópicos, superior até mesmo à verificada para os portugueses:

"... alguns dos milhões de negros importados para as plantações do Brasil vieram das regiões mais avançadas da cultura negro-africana. Isso explica por que houve escravos africanos do Brasil (homens de fé maometana e de instrução intelectual) que foram culturalmente superiores a alguns de seus senhores, brancos e católicos."[20]

O papel do escravo negro como elemento de civilização será um dos pilares das teses de democracia racial, defendidas por Gilberto Freire e que têm suas raízes na própria noção de iberismo.[21] Para determinados

---
[18] Howard J. Wiarda. *O modelo corporativo na América Latina e a latino-americanização dos Estados Unidos*. Petrópolis: Vozes, 1983, p. 20. A identidade entre corporativismo e iberismo é, para alguns autores, inequívoca: "Vários estudiosos norte-americanos, em face da existência de estruturas de controle e organização social de tipo corporativo em diversos países latino-americanos, presumiram como uma categoria à parte, com origens históricas próprias, o corporativismo ibérico, distinguindo-o do corporativismo dirigista de tipo fascista". Norberto Bobbio (org.). *Dicionário de política*. Brasília: Ed. UNB, 1986.
[19] Elide Rugai Bastos. Iberismo na obra de Gilberto Freyre, cit., pp. 50-1.
[20] Citado por Elide Rugai Bastos. Iberismo na obra de Gilberto Freyre, cit.
[21] Em suas memórias, Francisco de Paula Ferreira de Resende, mineiro de Campanha, recorda, ainda sob o impacto da Lei Áurea, uma lição que aprendera com o conterrâneo Bernardo Pereira de Vasconcelos: a de que éramos um "país cuja civilização tinha vindo d'África". O ensinamento fora anotado, sem que surpreendesse ao memorialista que tal constatação pudesse ter sido emitida por um dos próceres do Regresso.

críticos, Gilberto Freire respondia positivamente à questão posta, quase cem anos antes, por Martius, sobre se a escravidão africana fora um fator positivo ou não na História do Brasil.

Se a superação do iberismo parece ser a preocupação central de Sérgio Buarque de Holanda, pelo menos em *Raízes do Brasil*,[22] contrariamente ao que postulava Gilberto Freire, a Independência do Brasil não teria sido um momento decisivo para que tal se desse uma vez que ". . . o 7 de setembro vai constituir simples episódio de uma guerra civil de portugueses, iniciada em 1820 com a revolução liberal portuguesa, e onde se vêem envolvidos os brasileiros apenas em sua condição de portugueses de aquém-mar".[23] Talvez seja no autor de *Visão do Paraíso* que apareça de forma clara a idéia de que o movimento de independência e a unidade política e territorial não foram aspirações que nasceram juntas. Nele, o "7 de abril" reveste-se de importância especial pois é a partir da Abdicação que o processo de independência ganha "um selo verdadeiramente nacional"[24] e, mais, em "que se assinala uma fecunda transação [. . .] entre o nosso passado colonial e as nossas instituições nacionais".[25] Transação, cujo próprio termo diz, não significou o rompimento com as instituições do passado colonial. Ao contrário, o federalismo e o liberalismo no Brasil seriam a face em que o mandonismo e os particularismos, herdados do período colonial, se manifestariam ao longo do século XIX.

---

A afirmação de Bernardo Pereira de Vasconcelos consta de seu discurso, proferido na sessão do Senado de 25 abril de 1843. O iberismo segue tendo força nas interpretações atuais sobre a América Latina, ainda que, em várias delas, o debate sobre a leniência das relações escravistas não ganhe nenhuma evidência. Dentre os trabalhos recentes que retornam ao tema, merece destaque *O Espelho de Próspero*, de Richard Morse. Nas palavras do autor, ". . . as tradições européias que deram forma à Ibero-América foram especificamente ibéricas e não vagamente «católicas» ou «mediterrâneas». [A Península] permaneceu quase intocada pela Reforma protestante ou pelo Renascimento em sua forma italiana; não teve uma revolução científica que possa ser citada [. . .] nenhuma teoria de contrato social, nenhuma revolução industrial". São Paulo: Companhia das Letras, 1988, p. 37. Para a crítica das interpretações das teses de Gilberto Freire a partir do conceito de raça ver: Helena Mollo. Discussões sobre a formação do estado e da nação: Gilberto Freyre e Franz Boas. In: *Anais do XIV Encontro Regional de História*. Associação Nacional de História, Núcleo Minas Gerais (Anpuh-MG), Juiz de Fora, julho de 2004.

[22] Como sugere José Carlos Reis em capítulo dedicado a Sérgio Buarque de Holanda em *As identidades do Brasil*, cit., pp. 115-43.
[23] Sérgio Buarque de Holanda. A herança colonial — sua desagregação. In: Sérgio Buarque de Holanda (org.). *História geral da civilização brasileira*. São Paulo: Difel, t. II, vol. 1, p. 13.
[24] Wilma Peres Costa. A Independência na historiografia brasileira. In: István Jancsó (org.). *Independência: história e historiografia*, cit., 2005, p. 84.
[25] Sérgio Buarque de Holanda. A herança colonial — sua desagregação, cit., p. 39.

Caio Prado Júnior completaria a aqui chamada "geração de 30". Seus intérpretes, no que respeita à emancipação política e à constituição da Nação, nem sempre se mostram atentos às alterações sofridas em suas concepções sobre os temas, como é o caso de Maria Odila da Silva Dias no texto "A Interiorização da Metrópole (1808-1853)", ao qual retornaremos. A autora ressalta a ênfase dada por Caio Prado aos aspectos de continuidade entre a situação colonial e a do Brasil independente. Assim, a tese prevalecente nas diversas obras do autor seria a de que faltaria à Nação independente, em razão de um passado em que eram regra a produção com fins mercantis, a exação fiscal pela Coroa Portuguesa, a dispersão geográfica e a fragmentação política ". . . forças autônomas capazes de criar uma consciência nacional e um desenvolvimento revolucionário apto a reorganizar a sociedade e a constituí-la em nação".[26]

Já Wilma Peres Costa,[27] aponta que o tema sofre solução de continuidade em *Evolução Política do Brasil* e *Formação do Brasil Contemporâneo*. Nos ensaios escritos em 1933 a ênfase recai sobre as rupturas, as descontinuidades, e a Independência é vista como uma Revolução na qual as dissensões entre portugueses e proprietários de terras e escravos nativos abrem espaço para as mobilizações populares, que transcorrem entre 1808 a 1831 se estendendo até 1850. Assim, "O Segundo Reinado não é a continuação do Primeiro e a Regência adquire um significado próprio na pesquisa historiográfica".[28] Dessa forma, a Independência não se encontrava inscrita na Colônia mas seria um processo construído, sobretudo após o "7 de Abril".

Já em *Formação do Brasil Contemporâneo* a continuidade passa a ser a tônica da interpretação, tendo sido o país independente gestado nos três séculos de colonização. Ao contrário de soarem estranhas, categorias como o "legado institucional colonial" ganham o primeiro plano da interpretação, com destaque para a instituição escravista, responsável pela manutenção da unidade territorial brasileira.

Apesar de tributário da obra de Caio Prado da Silva Júnior, Fernando Novais apresenta uma contribuição das mais originais ao entendimento da Independência e, conseqüentemente, da Formação da Nação Brasileira, ao considerar as mudanças de finais do século XVIII e início do XIX como manifestações de uma crise sistêmica.[29] Não se trata de crise

---

[26] Maria Odila Leite da Silva Dias. A interiorização da Metrópole (1808-1835). In: Carlos Guilherme Mota (org.). *1822: dimensões*. São Paulo: Perspectiva, 1972, p. 161.
[27] Wilma Peres Costa. A Independência na historiografia brasileira. In: István Jancsó (org.) *Independência: história e historiografia*, cit., 2005, pp. 76-81.
[28] Ibidem, p. 79.
[29] Fernando A. Novais & Carlos Guilherme Mota. *A independência política do Brasil*. São Paulo: Moderna, 1986.

econômica, descartada, aliás, pela constatação de que "colonizar é desenvolver",[30] mas da superação do *Antigo Regime* e, com ele, de um de seus sustentáculos, o *Antigo Sistema Colonial da Era Mercantilista*. Ao conflito entre interesses nativistas e reinóis, o autor sobrepõe uma outra clivagem: a que opõe senhores e escravos. Segundo Wilma Peres Costa, Fernando Novais não considera que a "nação esteja prefigurada na colônia" e, apesar de admitir que o passado colonial se constitui no elemento-chave para o entendimento das Nações que emergem no continente americano o autor nega "duas polaridades da historiografia coeva: a persistência da colônia na nação e a antevisão da nação na colônia".[31]

Opostas seriam as conclusões de Maria Odila Leite da Silva Dias, em trabalho já citado, para quem a emancipação política, em 1822, consagraria uma situação já definida desde 1808 com a transferência da Corte portuguesa para o Brasil. De forma nítida, a autora — cujas teses irão influenciar decisivamente as interpretações sobre o nosso passado colonial, dando origem a trabalhos que irão projetar a *interiorização* para o período anterior à instalação da família real no Brasil e, com ela, a idéia de *Império Português* no lugar de *Antigo Sistema Colonial* — aponta para a separação entre Independência e constituição do Estado Nacional Brasileiro: "Ressalta-se em seguida o fato de a «independência», isto é, da separação política da metrópole (1822) não ter coincidido com o da consolidação da unidade nacional (1840-1850)".[32] A tônica na idéia de permanência é inegável, bem como a de imposição de um Estado a partir da Corte no Rio de Janeiro.

Em pelo menos dois estudos o debate sobre a construção do Estado a partir do Centro-Sul ganha importância central, ainda que com abordagens diversas. Um dos mais destacados, nesse sentido, é *O Tempo Saquarema* de Ilmar Rohloff de Mattos[33] que procura "trabalhar a questão da construção da hegemonia do «grupo saquarema», núcleo do Partido Conservador do Rio de Janeiro, procurando explorar suas interfaces econômicas, sociais, políticas e culturais, explorando de forma inovadora o conceitual gramsciano".[34] De inspiração teórica distinta é a contri-

[30] Sobre o tratamento dado pelo autor ao tema ver o capítulo "Defesa do patrimônio". In: *Portugal e Brasil na crise do Antigo Sistema Colonial (1777-1808)*. São Paulo: Hucitec, 1983, pp. 136-74.
[31] Wilma Peres Costa. A Independência na historiografia brasileira. In: István Jancsó (org.). *Independência: história e historiografia*, cit., 2005, p. 95.
[32] Maria Odila Leite da Silva Dias. A interiorização da metrópole (1808-1853), cit., p.160.
[33] Ilmar Rohloff de Mattos. *O tempo saquarema: a formação do Estado imperial*. São Paulo: Hucitec, 1990.
[34] Wilma Peres Costa. A Independência na historiografia Brasileira. In: István Jancsó (org.). *Independência: história e historiografia*, cit., 2005, p.104.

buição de José Murilo de Carvalho. Em *A Construção da Ordem*,[35] o autor parte dos teóricos do elitismo, com destaque para Mosca e Pareto, para concluir pela continuidade da Colônia no Império: "Propusemo-nos no início do trabalho explorar a possibilidade de atribuir em parte à diferença na composição das elites políticas a trajetória peculiar da ex-colônia portuguesa da América".[36] Para o autor, o fato de terem sido socializadas em uma mesma universidade, a de Coimbra, conformava uma elite unificada, coesa. Teriam sido essas mesmas elites as responsáveis pela manutenção da unidade territorial e pela adoção do regime monárquico.[37]

Os "impasses" da construção do Estado Nacional no Brasil, a partir do movimento da Independência, constituem objeto da abordagem de Luiz Felipe de Alencastro em "O fardo dos bacharéis".[38] Para o autor, talvez um dos principais entraves à consolidação do Estado Nacional residisse no que ele designou como "desterritorialização da força de trabalho". O fato irretorquível de que os discursos sobre a nacionalidade deveriam esbarrar com a realidade de que a base do "povo brasileiro" era formada por cativos trazidos da África, limitava as abrangências desse mesmo discurso[39] e a própria constituição do Estado, uma vez que se considera que a constituição de um exército regular, um dos pilares do Estado Moderno,[40] sofria sérias restrições em um país onde o

---

[35] José Murilo de Carvalho. *A construção da Ordem*. Rio de Janeiro: UFRJ/Relume Dumará, 1996.
[36] Ibidem, p. 209.
[37] José Murilo de Carvalho. *Pontos e bordados: escritos de história e política*. Belo Horizonte: UFMG, 1998, pp. 155 a 188.
[38] Luiz Felipe de Alencastro. O fardo dos bacharéis. *Novos Estudos Cebrap*, n.º 19, dezembro, 1987, pp. 68-82.
[39] Na mesma direção, parecem convergir as considerações de Ilmar Rohloff de Mattos: [A rejeição à superação da escravidão, conforme proposta por José Bonifácio] "Significava, antes de tudo, a opção pela convivência da *nação brasileira* que estava sendo forjada com outras «nações» no interior do mesmo território unificado e contíguo. Não por acaso, no Rio de Janeiro imperial utilizava-se com relativa freqüência a expressão «nação» para identificar os escravos negros e ameríndios, embora não se deixasse de discriminar entre as «nações de cor» — os escravos nascidos no Brasil — e as «nações africanas», até mesmo porque caso estes se tornassem libertos não se tornariam cidadãos brasileiros de acordo com o texto constitucional, ao passo que aqueles das «nações de cor» uma vez libertos não podiam ser eleitores de 2.º grau. Assim, às diferenças e hierarquias presentes na sociedade correspondiam as diferenças e hierarquizações entre a *nação brasileira* e as demais «nações», pondo em evidência a noção de ordem que também identificaria a experiência imperial brasileira". Construtores e herdeiros: a trama dos interesses na construção da unidade política. In: István Jancsó (org.) *Independência: história e historiografia*, cit., 2005, p. 298.
[40] "Assim como o *monopólio da coerção*, e estreitamente ligado a ele, o fisco *define* o Estado, pelo menos na forma histórica que essa instituição assumiu no Ocidente, a partir dos séculos XIV e XV". Wilma Peres Costa. Do domínio à Nação: os impasses da fiscalidade no processo de independência. In: István Jancsó (org.). *Brasil: formação do Estado e da Nação*. São Paulo-Ijuí: Hucitec-Fapesp-Ed. Unijuí, 2003, p. 143.

recrutamento militar não poderia recair sobre uma expressiva parcela da população, constituída por escravos.

Se a ordem de exposição dos autores e obras que se ocuparam do tema da emancipação política do Brasil, relacionado à constituição de uma esfera pública de poder e da Nação, sugere a idéia de linearidade, forçoso é reconhecer que o assunto depois de ocupar o centro da atenção dos historiadores bem como estudiosos de outras áreas, ficou relegado a plano secundário, exceto no que diz respeito à construção da idéia de Nação e suas implicações em termos culturais ou das "mentalidades".[41] A situação permaneceu até a eclosão do que se convencionou considerar a "Crise dos Estados Nacionais contemporâneos", de desdobramentos incertos, e a renovação da História política. Emblemático, nesse sentido, é a publicação do livro *Brasil: Formação do Estado e da Nação* organizado por István Jancsó. Partindo da crítica à idéia de que o Estado brasileiro era demiurgo da nação, o autor/organizador chama a atenção para a necessidade de se deslocar o eixo das indagações para a ". . . esfera das tensões, contradições e conflitos que perpassavam a simultânea moldagem de ambos".[42] A partir daí, a variável identitária aparece como rica em ". . . possibilidades analíticas [. . .] para a compreensão do universo dos valores, dos projetos, dos padrões de sociabilidade, daquilo [. . .] que constituía o elenco de balizas das quais se valeram os homens envolvidos, no que fora a América portuguesa, para orientá-los em meio às dificuldades geradas pela crise com a qual deparavam".[43]

O que foi exposto não esgota a questão das relações entre independência política e a formação do Estado e da Nação brasileiros. Porém, já dá uma mostra da complexidade assumida pelo tema, ao mesmo tempo que apresentam as principais questões a ele relacionadas.

### Os temas na historiografia sobre Minas Gerais

A chamada crise do Estado-Nação contemporânea, como se observou logo acima, sem dúvida, contribuiu, dentre outros fatores, para que o tema da formação do Estado Nacional no Brasil voltasse para o centro do debate historiográfico. Os enfoques, por sua vez, além de

---

[41] A lista de trabalhos nessa direção é extensa. A título de exemplo, podem ser citados: Alda Heizer & Antonio Augusto Passos Videira (orgs.). *Ciência, civilização e Império nos trópicos*. Rio de Janeiro: Access, 2001; Jurandir Malerba. *A Corte no exílio: civilização e poder no Brasil às vésperas da Independência (1808-1821)*. São Paulo: Companhia das Letras, 2000.
[42] István Jancsó. *Brasil: formação do Estado e da Nação*, cit., p. 15.
[43] Ibidem, p. 20.

contemplarem os temas reputados como "clássicos", também contribuem para renovar o assunto ao abordarem questões como a multiplicidade de projetos que "disputaram" sua hegemonia, os diferentes espaços de sociabilidade que se estabeleceram no período, como imprensa, festas, associações políticas. Nesse sentido, também se diversificam os sujeitos identificados ao processo, com destaque para as mobilizações de escravos e forros que imprimiram sua marca nos rumos assumidos pela construção, nem de longe linear, do Estado e da Nação brasileiros.

Minas Gerais, então, aparece como foco privilegiado desse momento histórico, num processo que remonta à constituição de um mercado que, a partir da economia mineradora, articula as diversas províncias, com destaque para o Centro-Sul;[44] por seus vínculos com a Corte instalada no Rio de Janeiro; pela projeção que adquirem, no período Regencial, "as tropas da moderação";[45] pela intensa mobilização de escravos e forros na província,[46] além da atuação destacada de membros de sua elite no processo de "afirmação de uma esfera pública de poder"[47] e construção de uma hegemonia liberal.[48]

No que diz respeito à historiografia mais recente que discute o tema da participação da província de Minas Gerais no processo de construção do Estado e da Nação no Brasil, a questão que emerge com mais força é a da caracterização da sociedade e economia mineiras com base em toda uma revisão historiográfica que acentua não apenas o caráter escravista dessa economia, mas a possibilidade que ela tinha de reproduzir uma camada da população livre constituída por pequenos proprietários de escravos e aqueles, a maioria, que não possuíam cativos. A seguir, indicarei alguns temas abordados em trabalho recente que interpreta o papel da província mineira nos processos em questão.

---

[44] Sobre assunto ver, dentre outros, Clotilde de Andrade Paiva. *População e economia nas Minas Gerais do século XIX*. Doutorado. São Paulo: USP, 1996; Afonso de Alencastro Graça Filho. *A Princesa do Oeste e o mito da decadência de Minas Gerais, São João del-Rei (1831-1888)*. São Paulo: Annablume, 2002; Douglas C. Libby. *Transformação e trabalho em uma economia escravista: Minas Gerais no século XIX*. São Paulo: Brasiliense, 1988.
[45] Alcir Lenharo. *As tropas da moderação (o abastecimento da Corte na formação política do Brasil, 1808-1842)*. Rio de Janeiro: Secretaria Municipal de Cultura, Turismo e Esportes, 1993.
[46] Marcos F. Andrade. A rebelião escrava na comarca do Rio das Mortes, Minas Gerais: o caso Carrancas. *Afro-Ásia*. Salvador, n.os 21-22, pp. 45-82, 1998-1999.
[47] Márcio Eurélio Rios de Carvalho. *Afirmação de uma esfera pública de poder em Minas Gerais (1821-1851)*. Doutorado. Belo Horizonte: Fafich, 2003.
[48] Wlamir José Silva. *Liberais e povo: a construção da hegemonia liberal-moderada na província de Minas Gerais (1830-1834)*. Doutorado. Rio de Janeiro: UFRJ, 2002; Flávio Henrique Dias Saldanha. *Os oficiais do povo: a Guarda Nacional em Minas Gerais oitocentista, 1831-1850*. Mestrado. Franca: Unesp, 2004.

Trata-se do artigo de Ana Rosa Cloclet Silva "Identidades políticas e a emergência do novo Estado nacional: o caso mineiro"[49] onde a autora, apesar da ênfase que atribui ao processo de emancipação política, mais precisamente à conjuntura que se estende de 1820 a 1822, não deixa de apontar desdobramentos de mais longo alcance, desencadeados a partir do breve período que vai da Revolução do Porto à emancipação política de Portugal.

Logo de início Ana Rosa, concordando com Maria Arminda Arruda,[50] recusa a idéia, cristalizada por uma certa historiografia, de que a participação de Minas no processo de emergência do novo Estado Nacional tenha-se baseado em um suposto "caráter libertário" dos mineiros, ou em uma rebeldia congênita que remonta à Conjuração Mineira interpretada como uma "rebelião patriótica", de cunho "nacionalista". Rebeldia essa que não teria impedido que a capitania/província desempenhasse o papel de "centro de equilíbrio do país" e da "preservação da unidade". Para a autora, tal abordagem, que associa os movimentos de 1789 a 1822 cairia no equívoco de nivelar as "diversas tendências políticas que conviveram no interior da Capitania e posterior Província de Minas Gerais, respaldadas, por sua vez, na própria diversidade econômica e social de suas «micro-regiões»".

As peculiaridades da formação socioeconômica mineira das primeiras décadas do Oitocentos originaram formas diversas de relacionamento com a propriedade, permitindo a incorporação de setores até então considerados marginalizados. O que não significa que esse processo não tenha deixado de "excluir parte destes setores pobres livres, bem como [adensado] o quadro de hierarquização e discriminação racial já existente na sociedade mineira". E mais ainda, que as divergências políticas que afloraram entre as elites políticas, sejam as declinantes, sejam as ascendentes (sem que isso signifique o alcance automático de unidade entre as lideranças de um e outro grupo) não tenham pautado padrões diferentes de relacionamento com os setores excluídos.

Decisivos, porém, para a compreensão do alinhamento político, nem sempre coeso, das elites mineiras em relação ao centro de poder repre-

---
[49] In: István Jancsó (org.) *Independência: história e historiografia*, cit., 2005, pp. 515-55. A escolha do trabalho de Ana Cloclet, dentro dos limites deste capítulo, deve-se à minha identificação com as teses aí apresentadas. As considerações feitas nessa parte do trabalho, exceto quando indicado o contrário, referem-se ao artigo "Identidades políticas e a emergência do novo Estado Nacional: o caso mineiro". Outro excelente trabalho sobre o tema, é o de Wlamir Silva. *Liberais e povo: a construção da hegemonia liberal-moderada na Província de Minas Gerais (1830-34)*. Doutorado. Rio de Janeiro: IFCS/UFF, 2002.
[50] Maria A. do Nascimento Arruda. *Mitologia da mineiridade. O imaginário mineiro na vida política e cultural*. São Paulo: Brasiliense, 1990. Apud: Ana Rosa Cloclet Silva. Op. cit., p. 519.

sentado na Corte do Rio de Janeiro, seriam a consolidação dos interesses das regiões voltadas para a economia de abastecimento da Corte e, fator a ela correlato, a disseminação da propriedade escrava — e, portanto, a sustentação política da instituição — em uma região que abrigava o maior contingente de escravos de todo o país.

Se a ameaça de uma sublevação escrava, em conjunto com os homens livres e libertos pobres, poderia ser manipulada pela própria elite política contra seus opositores, ela também representava os limites da ação dos setores dominantes pelo risco inerente de que fugissem a qualquer possibilidade de controle.

No lugar de uma "vocação para a unidade", a adesão das elites mineiras à Corte do Rio de Janeiro teria sido pacientemente articulada por D. Pedro I em sua viagem à província, quando não faltaram as promessas de benfeitorias voltadas para o melhoramento de infra-estrutura, sobretudo a viária, e a concessão de cargos e promoções.

A autora demonstra que o móvel da adesão das Câmaras ao Imperador variou entre aquelas, como a de Vila Nova da Rainha de Caeté, que o supunham garantidor da autonomia provincial, assegurada pelo pacto político imposto pela sociedade civil, e a de Barbacena que o fazia em critérios do Antigo Regime, como a continuidade dinástica, apontando a diversidade das posições políticas do mineiro, diversidade essa de resto identificável em outras províncias.

Após se referir a notícias, mais ou menos concretas, acerca da sublevação de escravos, em um contexto favorável às mobilizações populares, como o era o da Independência e admitir que vários dessas revoltas, potenciais ou de fato, poderiam originar da manipulação dos setores proprietários, a autora enfatiza que "a atuação dos setores marginais da população mineira foi potencializada não apenas pela habilidosa instrumentalização que dela faziam os vários segmentos da camada dominante, mas pela própria percepção das «classes ínfimas» acerca das possibilidades de inserirem suas lutas através destas estratégicas alianças entre si e com membros da classe proprietária".

Por fim, a conclusão de que as elites mineiras não aderiram prontamente à unidade proposta pelo primeiro imperador também é válida, segundo a autora, quando se trata de analisar o alinhamento dos setores dominantes da província ao projeto liberal moderado, externado na política nacional após 1831, como dão evidências as mobilizações ocorridas entre 1831 e 1833, que constituem o objeto desta pesquisa.

## Capítulo 2
## "UMA PROVÍNCIA: ESTA"

> "O Brasil nasceu [...] nesse solo arrasado pela exploração das minas, nos currais, nos campos que produziam alimentos, nos caminhos que se abriam e apontavam para a marcha da ocupação da terra, da saída e da entrada de produtos, da expansão da população. [...] Um Brasil que se repetiu e se reproduziu em outras terras, outros climas, latitudes diversas, sertões adentro, pelas terras do índio que sobreviveu aos massacres e que foi se retirando para oeste. A marcha da fronteira de povoamento e da fronteira agrícola."
>
> — MARIA YEDDA LINHARES[1]

### Historiografia sobre a economia mineira oitocentista

Na "Dissertação que ofertou ao Instituto Histórico e Geográfico do Brasil" de Carl Friedrich Philipp von Martius (1794-1868) chama atenção a afirmação cristalina do médico e botânico "da necessidade de uma Monarquia em um país onde há tão grande número de escravos".[2] Menos transparente, mas nem por isso menos importante, é a conclusão que se tira das passagens em que o autor trata da relação entre as províncias e o centro de poder na Corte do Rio de Janeiro. Se Martius pretende extrair da constatação da influência da diversidade regional brasileira, decorridas duas décadas da emancipação política, conseqüências para a escrita da "História Pátria", o

---

[1] Metodologia da História quantitativa: balanço e perspectiva. In: Tarcísio Rodrigues Botelho et al. *História quantitativa e serial no Brasil: um balanço*. Goiânia: Anpuh-MG, 2001, p. 21.
[2] Carl Friedrich Philipp von Martius. Como se deve escrever a História do Brasil. Dissertação oferecida ao Instituto Histórico e Geográfico do Brasil. *Revista Trimensal de História e Geografia ou Jornal do Instituto Histórico e Geográfico Brasileiro*, n.º 24, jan., 1845.

que ressalta de suas linhas é que a unidade na qual se basearia a idéia de Nação, também restava por ser construída, tanto no tocante à constituição do Estado, como ao nível da identidade para cuja construção concorreria o ofício do historiador.

Em outros termos, as palavras de Martius deixam claro, ainda que de maneira não intencional, que emancipação política, construção do Estado Imperial e a formação da nacionalidade brasileira, fenômeno este posterior aos anteriores e de datação específica mais complexa, são processos sem dúvida correlacionados, mas que possuem temporalidades e manifestações que não são redutíveis a um mesmo e único processo.[3]

O equívoco de se desconhecer as realidades regionais, originadas, de acordo com Martius, na "grande extensão do território brasileiro, [na] imensa variedade no que diz respeito à natureza que nos rodeia, aos costumes e usos e à composição da população de tão disparatados elementos"[4] além de resultar no comprometimento da escritura de uma história do Brasil que fosse estimulante o suficiente para "despertar no leitor um vivo interesse, e dar às suas descrições aquela energia plástica, imprimir-lhe aquele fogo, que tanto admiramos nos grandes historiadores"[5] se desdobraria em conseqüências bastante práticas uma vez que seriam as "idéias errôneas" sobre as realidades regionais que levariam a perturbação política a algumas províncias cuja superação caberia a uma administração eficaz possível apenas se conformada a partir "dos úteis" conselhos dos habituados às particularidades locais. Nem por isso, o autor deveria incorrer no erro de escrever uma história especial das províncias, bastando para tanto que estivesse sempre atento a uma abordagem que resultasse em uma História do Brasil.

Como diria o Janjão de "Teoria do Medalhão" de Machado de Assis: "Upa! que a profissão é difícil...".[6] Mas nem por isso menos necessá-

---

[3] Como observa Jurandir Malerba: "Enfim, compartilhamos da periodização proposta por Sérgio Buarque de Holanda, corroborada por Evaldo Cabral de Mello, que distingue a Independência, entendida como processo de emancipação política (e que se pode situar entre 1808 e 1831), do processo de construção do Estado imperial (que, sem dúvida, se inicia nesse interregno, com as atividades da Assembléia constituinte em 1823, a outorga da Carta em 1824 e a aprovação do Código Criminal em 1831) e da formação de uma nacionalidade brasileira, esta ainda mais posterior. Embora concordando que tais processos estão umbilicalmente ligados, que a Independência não estará consolidada antes da finalização da construção do Estado (lembre-se que o Código Comercial, simulacro de um Código Civil que só aconteceu na República, é de 1850 e da difusão de uma concepção de nação (muito beneficiada por nosso romantismo nativista"). Op. cit., p. 18.
[4] Carl Friedrich Philipp von Martius. Op. cit.
[5] Ibidem.
[6] Machado de Assis. Teoria do medalhão. Obra completa, vol. 2. Rio de Janeiro: Aguilar, 1994, pp. 288-95.

ria. Neste capítulo procurarei abordar a dinâmica socioeconômica e demográfica de Minas Gerais na primeira metade do século XIX, buscando, sempre que possível, estabelecer as relações mantidas pela região com as demais províncias em geral, e com a Corte no Rio de Janeiro em particular.

Antes de fazê-lo pela ótica dos autores hodiernos, retenhamos, ainda, as passagens em que Martius tratou especificamente de Minas Gerais em sua monografia. O método recomendado por ele, para que a história fosse uma síntese entre as realidades provinciais e a História do Brasil, consistia na iniciativa, tomada pelo historiador, de visitar "esses países" penetrando com seus "próprios olhos as particularidades da sua natureza e população".

Se as conclusões a que ele chegou sobre a província mineira seriam fruto das observações que realizou em suas viagens à região, juntamente com Johann Baptist von Spix (1781-1826), nos anos entre 1817 e 1820, não se pode dizer com exatidão, ainda que a abrangência de sua obra, com destaque para *Etnografia da América e Especialmente do Brasil* e *Viagem Pelo Brasil*,[7] nos faça suspeitar que o autor tenha feito suas afirmações com algum "conhecimento de causa". Certo mesmo é que, como deixou registrado em seu projeto, a história de Minas Gerais parecia-lhe convergir com a das províncias de São Paulo, Mato Grosso e Goiás. Quando lhe ocorrem os extremos, o exemplo também se reporta a Minas: "Quão diferente é o Pará de Minas" e não só apenas pela natureza, mas também por "outros homens" — certamente a forte presença africana contraposta ao predomínio do indígena na porção setentrional do país — "outras precisões e paixões".

Convergências e particularidades que, portanto, merecem ser examinadas mais de perto.

🙢🙢🙢

Enquanto alguns importantes trabalhos sobre as Minas setecentistas deveram muito de sua inspiração ao modelo de Sistema Colonial estabelecido pela obra de Fernando Novais,[8] outras parecem ser as influências da produção historiográfica sobre a economia mineira do período posterior ao declínio da atividade mineradora.

---
[7] Sobre o resultado das expedições de Spix e Martius, especificamente para Minas Gerais, ver: José Oiliam. *Historiografia mineira*. Belo Horizonte: Imprensa Oficial, 1987, pp. 76 e seguintes.
[8] Andréa Lisly Gonçalves. Algumas perspectivas da historiografia sobre Minas Gerais nos séculos XVIII e XIX. In: *Termo de Mariana: história e documentação*. Mariana: Ufop, 1998, pp. 13-26.

Assuntos que, até bem recentemente, pouco haviam ocupado a atenção dos estudiosos — como o sistema escravista mineiro no século XIX, as unidades produtivas rurais voltadas para a produção de gêneros para o mercado interno, a camada dos pequenos proprietários livres, etc. — foram privilegiados em abordagens que trouxeram de volta o interesse por temas e/ou pelos métodos da História Econômica. Marco decisivo dessa tendência é o trabalho de Roberto Borges Martins, *Growing in Silence: the Slave Economy of Nineteenth-century Minas Gerais, Brazil*.[9]

Utilizando-se fartamente dos depoimentos de viajantes estrangeiros que percorreram a província de Minas Gerais, bem como dos censos de 1844 e 1872 e, após criticar o vezo exportador, predominante nas análises da história econômica sobre o Brasil, o autor chega a uma conclusão surpreendente: o sistema escravista mineiro não apenas sobreviveu ao declínio da mineração, como experimentou sensível fortalecimento demonstrado pelo vigoroso crescimento do plantel mancípio, crescimento este baseado em importações maciças de escravos provenientes do tráfico internacional. As Minas Gerais oitocentistas apresentavam, assim, o maior contingente de população escrava da história da escravidão moderna excetuando-se apenas as economias de Cuba, Haiti e o sul dos Estados Unidos.

Contrariando, ainda, as interpretações então prevalecentes sobre o sistema escravista moderno, Roberto Martins concluía que a lógica da reprodução da economia mineira baseava-se na produção de gêneros voltados para a auto-suficiência das unidades produtivas ou para mercados vicinais, numa economia que seguia sendo pouco monetarizada. Assistia-se assim à desvinculação entre duas variáveis, *plantation* e trabalho escravo, que pareciam indissociáveis no tratamento do tema da escravidão no Novo Mundo. A economia mineira passava a ser percebida como uma formação peculiar no quadro mais geral do sistema escravista brasileiro.

Foram intensos os debates suscitados pela obra de Roberto Borges Martins.[10] As controvérsias giraram em torno, principalmente, das formas de reprodução do plantel escravo — se fruto de importações, como queria Martins, ou resultado da reprodução vegetativa positiva, como sugeriam autores como Wilson Cano e Francisco Vidal Luna — bem como dos reais vínculos estabelecidos entre as áreas de produção escravista, a economia de exportação e a voltada para o mercado interno.

Concordes no todo ou em parte com as conclusões de Roberto

---
[9] Tese de doutoramento. Nashville: Vanderbilt University, 1980.
[10] A esse respeito ver: *The Hispanic American Historical Review* e *Estudos Econômicos*, 13, jan.-abr. 1983.

Martins, os trabalhos que se seguiram tinham *Growing in Silence* como referência obrigatória. É o caso de *Transformação e Trabalho em Uma Economia Escravista* de Douglas Cole Libby[11] que, logo na introdução, observa:

"A incômoda combinação de um baixo grau de mercantilização e pesadas importações de cativos (estabelecida por Roberto Martins) conduziu F. V. Luna e Wilson Cano a levantarem uma hipótese alternativa. Os autores reafirmam que a fraca mercantilização da economia mineira poderia ter resultado numa redução vertiginosa das taxas de exploração do trabalho escravo que, por sua vez, teria possibilitado o crescimento real da população mancípia. A sugestão de Luna e Cano também nos atrai, e acreditamos que uma rigorosa pesquisa empírica, de fato poderá revelar um comportamento demográfico do plantel cativo que incluía taxas positivas de crescimento. Não obstante, nos parece que a tarefa mais importante consiste em procurar determinar os respectivos pesos desse crescimento e das importações no inquestionável aumento da população escrava até a década de 1870."[12]

Baseando-se em documentos relativos à população da província de Minas Gerais, os *"mapas de população" da década de 1830 e do ano de 1840 e no Recenseamento de 1872*,[13] Douglas Libby realiza uma análise pormenorizada das estruturas produtivas mineiras contribuindo para o entendimento de questões apenas esboçadas anteriormente por estudos como os de Roberto Martins.

Indispensável para a análise das Minas oitocentistas, o conceito de uma economia em acomodação evolutiva, estabelecido pelo autor, passou a figurar na maioria dos trabalhos sobre a província de Minas Gerais.[14] Ao

---

[11] São Paulo: Brasiliense, 1988.
[12] Ibidem, p. 21.
[13] São de duas ordens as críticas ao trabalho de Douglas Libby, ambas formuladas por Clotilde Andrade Paiva. A primeira versa sobre "os inconvenientes de se transpor para o século XIX divisões espaciais que não foram elaboradas tendo em vista a realidade do período estudado". A outra, diz respeito à insuficiência da base empírica utilizada pelo autor: "Ao ser forçado [Libby] a optar por uma seleção de documentos trouxe para o seu trabalho algumas dificuldades no que diz respeito à avaliação da representatividade da amostra escolhida". Clotilde Andrade Paiva. *População e economia nas Minas Gerais no século XIX*. Doutorado. São Paulo: FFLCH/USP, 1996, pp. 157 e 25-26, respectivamente.
[14] "Os indicadores demográficos gerais nos revelaram uma população mineira, tanto a livre quanto a mancípia, que passava por um processo de estabilização que, *grosso modo*, reflete a acomodação da economia mineira à continuada decadência da mineração aurífera." Douglas Cole Libby. *Transformação e trabalho*, cit., p. 64.

adotá-lo, o autor acaba por vincular suas teses à interpretação "clássica" da economia colonial, sobretudo a formulada por Celso Furtado, que aponta para a capacidade que a *plantation* apresentava de resistir aos momentos de crise, exatamente mediante a transferência de fatores para o setor de subsistência.

Sua obra foi fundamental, ainda, para determinar os padrões de concentração da propriedade escrava na província de Minas que revelaram a preponderância dos pequenos plantéis. Tais conclusões, por sua vez, confirmariam que ". . . o regime escravista mineiro dos Oitocentos é algo singular, ou pelo menos excepcional, no contexto do escravismo moderno".[15] Estava claro que as análises sobre Minas Gerais ultrapassavam os limites da história regional contribuindo para o entendimento das estruturas do Antigo Sistema Colonial, bem como de seus desdobramentos posteriores. Ainda que referido ao período em que o estatuto político colonial já se encontrava superado, a crítica ao modelo se sustentava, seja por se haverem mantido inalteradas as linhas estruturais da economia colonial — também com estabelecimento de novos vínculos de dependência no mercado mundial —, seja pelo fato de a dinâmica econômica do período colonial ter permitido um nível de acumulação interna que possibilitou a continuidade do modelo agroexportador, ao mesmo tempo que teria gestado um importante setor de economia voltado para o mercado interno, vinculado ou independente do setor exportador.

A publicação da obra *Homens de Grossa Aventura: Acumulação e Hierarquia na Praça Mercantil do Rio de Janeiro, 1790-1830*, de João Luís Ribeiro Fragoso,[16] influenciou diretamente algumas análises mais recentes sobre Minas Gerais, na perspectiva ora abordada. O mérito inicial do trabalho é justamente o de trazer farta evidência documental, por meio de testamentos, inventários, registros cartoriais sobre o Rio de Janeiro da última década do Setecentos aos anos trinta do século XIX, à tese da acumulação endógena de capitais no contexto da economia colonial.

---

[15] Douglas Cole Libby. *Transformação e trabalho*, cit., p. 64.
[16] Rio de Janeiro: Arquivo Nacional, 1992. Em *O arcaísmo como projeto: mercado atlântico, sociedade agrária e elite mercantil no Rio de Janeiro, c. 1790-1840*. Rio de Janeiro: Diadorim, 1993, escrito em co-autoria com Manolo Florentino, o autor reafirma as teses mais importantes de seu livro anterior. Sobre o mesmo assunto ver o ensaio "Um empresário brasileiro do Oitocentos" de autoria de João Fragoso & Ana Maria Lugão Rios, em Hebe Maria Mattos de Castro & Eduardo Schnoor (orgs.). *Resgate: Uma janela para o Oitocentos*. Rio de Janeiro: Topbooks, 1995, assim como o livro de Manolo Garcia Florentino *Em costas negras: uma história do tráfico atlântico entre a África e o Rio de Janeiro (séculos XVIII e XIX)*. Rio de Janeiro: Arquivo Nacional, 1995.

Os reparos feitos ao trabalho de Luís Fragoso, desenvolvidos por Stuart Schwartz,[17] interessam aqui na medida em que a obra vem influenciando as pesquisas sobre as Minas Gerais dos séculos XVIII e XIX, conforme referido anteriormente.[18] Uma delas diz respeito à conclusão de Fragoso de que, num contexto não capitalista, em que predominava o capital mercantil, os setores dominantes coloniais, compostos pelos comerciantes de grosso trato, desenvolveram estratégias de manutenção de uma estrutura políticosocial arcaica, movidos por considerações de *status*, manifestadas, sobretudo, no investimento em recursos produtivos, como terras e escravos, de longe menos rentáveis que as atividades de crédito e comerciais.

Segundo o autor de *Segredos Internos*, a historiografia atual sobre o desenvolvimento do capitalismo na Europa Central vem demonstrando que os desejos de nobilitação do grupo social dos comerciantes não diminuiu o ritmo das transformações em direção ao sistema capitalista através do século XVIII. Ao contrário, ter-se-ia observado, tanto na França, quanto na Inglaterra, o surgimento de um "gentlemanly capitalism", que persistiu até meados do século XIX, marcado pelo predomínio de uma aristocracia comercial fortemente enraizada nas atividades agrárias. Stuart Schwartz conclui este ponto afirmando que o setor mercantil brasileiro, ao contrário do que considera Fragoso, tinha muito mais semelhanças com sua contraparte européia do que nos leva a concluir uma historiografia mais tradicional, uma vez que as atividades agrícolas se apresentavam, para esse grupo social, como opção rentável e segura na diversificação de seus investimentos.[19]

O ponto principal da crítica, no entanto, diz respeito aos limites cronológicos da análise efetuada por João Fragoso.[20] Para Stuart

---

[17] Somebodies and Nobodies in the Body Politic: Mentalities and Social Structures in Colonial Brazil. *Latin American Research Review*. Minnesota, vol. 31, n.º 1, 1996.
[18] Para uma crítica ao trabalho de Fragoso, que aponta aspectos distintos dos levantados por Stuart Schwartz, ver: Luiz Paulo Ferreira Nogueról, Eduardo Barros Mariutti & Mário Danieli Neto. Mercado interno colonial e grau de autonomia: críticas às propostas de João Luís Fragoso e Manolo Florentino. *Estudos Econômicos*, São Paulo, vol. 31, n.º 2, pp. 369-93, abr.-jun., 2001.
[19] "The mercantile class of Brazil seems to have been acting much like its European and Spanish American counterparts. Thus for Brazilian merchants, investment in land and slaves provided relative security and risk limitation along with social status and image, multiple advantages that they must have recognized." Stuart Schwartz. Somebodies..., cit., p. 117.
[20] Crítica, aliás, que João Fragoso vem rebatendo em seus artigos mais recentes: A nobreza da República: notas sobre a formação da primeira elite senhorial do Rio de Janeiro (séculos XVI e XVII). In: *Topoi*, Rio de Janeiro, n.º 1, pp. 45-122 e Algumas notas sobre a noção de colonial tardio no Rio de Janeiro: um ensaio sobre a economia colonial. In: *Lócus*, Juiz de Fora, vol. 6, n.º 1, pp. 9-36, 2000.

Schwartz, o período coberto pela pesquisa, apresentada em *Homens de Grossa Aventura*, limita-se a uma conjuntura bastante precisa, marcada pelos acontecimentos políticos do Haiti, em 1792. A revolução na colônia francesa seria responsável por uma fase de expansão das exportações brasileiras e os fenômenos a ela correlacionados de incremento das importações de escravos e ampliação da demanda por produtos para o abastecimento interno. Além disso, seria esse o período em que os resultados das reformas do Marquês de Pombal, com o propósito de fortalecer os comerciantes metropolitanos e brasileiros ante o setor mercantil estrangeiro, se fizeram sentir com maior intensidade, culminando com o fortalecimento e a ascensão política dos setores mercantis do Rio de Janeiro.[21]

Em síntese, o equívoco da argumentação de João Fragoso consistiria em tomar por estrutural ao Antigo Sistema Colonial algo que faria parte apenas de uma conjuntura específica, ou seja, as conclusões a que chega o autor estariam limitadas pelo recorte cronológico adotado, não obstante a farta documentação empírica apresentada.[22]

Neste ponto a produção historiográfica sobre Minas Gerais, sobretudo a tributária das teses de Fragoso, contribui para relativizar as críticas sobre o alcance das conclusões do autor.

Em *A Enxada Complexa: Roceiros e Fazendeiros em Minas Gerais na Primeira Metade do Século XIX* de Francisco Eduardo Andrade,[23] confirmam-se algumas da principais observações de João Fragoso. Com base nos números do tráfico de escravos, Francisco Andrade revela a importância do setor voltado para a produção para o mercado interno que representou, na Minas provincial, o principal grupo econômico:

> "Fragoso interpreta estes dados (sobre a porcentagem de escravos africanos saídos do porto do Rio de Janeiro para Minas Gerais que alcançou, entre 1825 e 1833, 48,4% do total) verificando que a agropecuária mineira articulada ao mercado interno, com capacidade para «acumulações endógenas», sustentou parte expressiva dos negócios negreiros do maior porto receptor de africanos do Atlânti-

---

[21] Stuart Schwartz. Somebodies..., cit., p. 116.
[22] "Fragoso implicitly views the patterns inherent in the situation that he describes as structural characteristics of colonial Brazil rather than perceiving them as aspects of a more chronologically limited conjuncture. As a result, he over states the longterm predominace of merchant capital and the internal market throughout the colony's history by reading the 1790s too far into the past, interpreting them as if they were representative of the earlier era." Ibidem, pp. 116-7.
[23] Mestrado. Belo Horizonte: Departamento de História, Fafich/UFMG, 1994. O autor consultou fontes cartorárias — testamentos e inventários —, e administrativas, como as listas nominativas de habitantes, todas relativas ao termo de Mariana.

co. Além disso, se eram os pequenos proprietários de cativos (3-5) que detinham a maior parte dos escravos da província, «aqueles números do tráfico insinuam que os camponeses/senhores de cativos da agropecuária de abastecimento de Minas Gerais absorviam mais escravos que o próprio escravismo colonial».[24]

O autor aponta, ainda, a diversificação das atividades econômicas dos setores escravistas mineiros, com destaque para os do termo de Mariana, que conjugavam as atividades agropastoris aos negócios ligados ao comércio e práticas creditícias. No entanto, não chega a afirmar que os investimentos dos proprietários mineiros em terras e escravos correspondessem a uma lógica de manutenção de uma estrutura social arcaica, parecendo concluir pelos móveis predominantemente econômicos na ação desses investidores.

Francisco Andrade chama também atenção para o fato de que a formação socioeconômica mineira, ao se organizar sobre uma economia escravista, voltada para o abastecimento intra ou interprovincial, não se destacaria como uma estrutura singular no contexto da história do Brasil na qual a importância quase absoluta do setor agroexportador vem sendo cada vez mais questionada. Além disso, outra decantada peculiaridade da sociedade mineira, qual seja, a que diz respeito a uma estratificação social menos rígida, é vigorosamente criticada no trabalho de Eduardo Andrade, que conclui pela evidência de uma sociedade na qual a riqueza e os recursos de poder se encontram concentrados nas mãos de uma camada restrita de proprietários.[25]

Uma questão, que parece escapar ao trabalho sobre os roceiros e proprietários em Minas Gerais, diz respeito à adoção de um modelo de interpretação, formulado por João Fragoso para o entendimento da realidade colonial, para um período da História no qual se estrutura uma economia de tipo nacional. Em outros termos, a análise não parece considerar as possíveis mudanças advindas da superação do estatuto colonial na configuração da história do Brasil imperial.

O termo de Mariana também será o marco espacial privilegiado por

---
[24] Ibidem, p. 101.
[25] "Alguns historiadores exageram na ênfase da «peculiaridade» social e econômica das Minas Gerais oitocentistas quando distinguem basicamente um quadro socioeconômico com traços «igualitários» ou «democráticos». O cenário do espaço agrícola que procuramos desvendar tem outro caráter: o da concentração de escravos e terras, o da desigualdade do poder e riqueza que transparece nas distinções de gênero, raça e idade. No horizonte socioeconômico das Gerais oitocentistas não é somente o complexo agropecuário dos camponeses que deve ser realçado. A este se articula um grupo de homens enriquecidos, que cumpria o seu papel de agentes econômicos e dominadores políticos." Ibidem, p. 253.

Carla Maria Carvalho de Almeida em *Flutuações nas Unidades Produtivas Mineiras, Mariana — 1750 a 1850*.[26] Os inventários *post-mortem* constituíram-se nas principais fontes utilizadas no trabalho, complementadas por informações extraídas de listas nominativas, livros de registros de aguardente, relatórios dos presidentes de província, bem como relatos de contemporâneos e viajantes estrangeiros.

Mediante minucioso exame da documentação, a autora releva importantes aspectos sobre o plantel de escravos da região, tais como razão de masculinidade, taxas de crescimento vegetativo, nacionalidade dos cativos, dentre outras, sempre numa perspectiva diacrônica. Suas conclusões, sobre as características da estrutura produtiva da região de Mariana, parecem confirmar as proposições de João Fragoso, aqui examinadas.

Em primeiro lugar, ao demonstrar a diversificação econômica das unidades produtivas, também no período estabelecido como de auge da mineração, Carla de Almeida reafirma o equívoco das teses que insistiam na extremada especialização produtiva da economia mineradora.[27] Assim, a crise da mineração só teria feito acentuar uma tendência, indissociável da formação econômica mineira desde a sua instalação,[28] qual seja, a da concomitância entre atividades extrativas e agropastoris e, ainda, fato correlacionado ao anterior, que tal diversificação gerou possibilidades de acumulação endógenas, fundamentais para o período

---

[26] Dissertação de Mestrado. Niterói: UFF, 1994. Carla de Almeida é autora, ainda, de um elucidativo trabalho historiográfico sobre o tema da economia mineira no Oitocentos: Minas Gerais no pós-auge minerador: uma trajetória historiográfica. In: *Registro: Informativo do Centro Nacional de Referência Historiográfica*. Mariana, ano 2, n.º 4, set. 1995-fev. 1996.

[27] Tais interpretações, que prevaleceram durante muito tempo sobre a economia do ouro, eram consoantes com uma noção de pacto colonial que privilegiava os interesses fiscalistas da Coroa portuguesa e que padeciam de um certo formalismo por se apoiarem nas determinações metropolitanas que buscavam, por meio da legislação, conter o desenvolvimento de atividades diversificadas na capitania, visando impedir tanto os desvios da mão-de-obra escrava da atividade principal, quanto assegurar o monopólio dos produtos europeus no mercado mineiro. Sobre a tendência que, num sentido oposto, busca apontar o tema da concomitância entre atividades mineradoras e as mais especificamente voltadas para o mercado interno, com destaque para as atividades agropastoris, ver, dentre outros: Sérgio Buarque de Holanda. Metais e pedras preciosas. *História geral da civilização brasileira: a época colonial*. São Paulo: Difel, t. 2, vol. I, 1985; Mafalda P. Zemella. *O abastecimento da capitania de Minas Gerais no século XVIII*. São Paulo: Hucitec-Edusp, 1990; Carlos Magno Guimarães & Liana Reis. Agricultura e caminhos de Minas (1700/1750). *Revista do Departamento de História*, Belo Horizonte: Fafich/UFMG, n.º 4, junho de 1987.

[28] "Embora concordando com as considerações de Libby, preferimos entender que, mais do que uma modificação das estruturas coloniais, o que houve em Minas foi um processo de fortalecimento de um tipo de estrutura produtiva peculiar já existente desde os primórdios da colonização." Carla de Almeida, op. cit., p. 94.

posterior à crise da mineração, caracterizado como de *acomodação evolutiva*.[29] Os dados apresentados pela autora tendem a evidenciar, como faz Fragoso para a praça do Rio de Janeiro, que também em Mariana o capital mercantil "foi mais lucrativo que o produtivo", sobretudo no período compreendido entre 1780-1810, quando se consolida a produção direcionada aos mercados mais distantes.[30] A sociedade escravista de Mariana apesar de confirmar a tendência, dominante na província como um todo, de predomínio dos pequenos plantéis de escravos, reproduziu uma estrutura social marcada pela concentração da riqueza e pela exclusão social,[31] no mesmo sentido demonstrado por Francisco Andrade, em passagem já comentada. A história do termo de Mariana, por fim, sobretudo a do período posterior ao predomínio da atividade mineradora teria, como sentido básico, a reprodução de uma estrutura social arcaica, no sentido que lhe é atribuída por João Fragoso e Manolo Florentino:

"Para concluir, concordamos com João Fragoso e Manolo Florentino quando afirmam que existiu na colônia um tipo de estrutura produtiva que tinha sua dinâmica definida pela constante incorporação de terras, alimentos e mão-de-obra a baixos custos, o que lhe possibilitava uma relativa autonomia em relação ao mercado exterior, e cujo «sentido» era a perpetuação de uma diferenciação social excludente."[32]

As evidências demonstradas ao longo do trabalho *Flutuações nas Unidades Produtivas Mineiras: Mariana 1750-1850* não nos leva a concluir, no entanto, que os agentes econômicos mineiros obedecessem a imperativos que não fossem essencialmente econômicos ao "optarem" por privilegiar o capital produtivo em detrimento do capital mercantil, inegavelmente o mais lucrativo. Mais importante talvez, no tocante à discussão teórica proposta sobre a natureza do Sistema Colonial, fosse

---
[29] A diversificação da produção constituiu-se em "estratégia para compensar as baixas nas taxas de rendimentos": "... quanto mais diversificada a U.P. (unidade produtiva), maiores índices de grandeza ela demonstrava, já que quase sempre o valor do monte-mor médio era maior naqueles que concentravam mais atividades produtivas".
[30] Ibidem, p. 189.
[31] "Aos analisarmos alguns indicadores de como estava distribuída a riqueza entre os inventariados de Mariana que nossa amostragem abarca, chegamos a outro traço estrutural do sistema econômico: a existência de uma hierarquização social extremamente acirrada e excludente e que se perpetua ao longo do tempo." Ibidem, p. 185.
[32] Ibidem, p. 197. Ibidem, p. 193.

demonstrar que no período considerado de vínculo máximo entre a economia metropolitana e a colonial, o do auge da mineração, os ganhos havidos nas atividades voltadas para o mercado interno superaram os lucros obtidos com as atividades de exportação. Demonstrá-lo para o período em que a economia mineira buscava alternativas à crise do setor exportador parece apenas contribuir para a superação da tese, já de resto bastante criticada, de estagnação da economia mineira após a crise da mineração.

Talvez o trabalho de Cláudia Maria das Graças Chaves, *Perfeitos Negociantes: Mercadores das Minas Setecentistas*,[33] seja o que melhor se utiliza do potencial inovador das teorias formuladas por João Luís Ribeiro Fragoso.

Baseando-se principalmente em fontes administrativas, como os Livros de registro ou passagem da Delegacia Fiscal e os Livros dos postos fiscais ou "contagens" da capitania, a autora revela a ausência de especialização dos segmentos envolvidos na atividade mercantil, o que tornava o comércio algo eventual, em muitos casos mero prolongamento das lides produtivas dos proprietários rurais.[34] Tal fato, segundo a autora, confirmaria "as teses levantadas por João L. R. Fragoso sobre o caráter imperfeito e não-capitalista do mercado colonial".[35]

Mais importante a se destacar, contudo, é que, segundo Cláudia Maria Chaves, o segmento de reprodução do setor exportador representado pela produção de subsistência, beneficiou-se, nas Minas, de uma economia mais monetarizada, propiciando aos investimentos produtivos endógenos maior base de acumulação o que lhes garantiram níveis de inversão de recursos que fizeram em face do declínio das atividades no setor minerador:

". . . a resposta para tal questão (da independência insular da economia mineira) talvez seja que a diversificação econômica de Minas Gerais foi sustentada por um setor comercial dinâmico. A característica peculiar da capitania, de economia profundamente monetizada, possibilitou o surgimento de uma formação econômica e social, que garantia os investimentos no setor de produção. [. . .] a crise da mineração, longe de representar o declínio das atividades econômicas

---

[33] Mestrado. Belo Horizonte: Fafich/UFMG, 1995.
[34] "À exceção do comércio de gado bovino, carne-seca e rapadura não temos outro produto que fosse transportado freqüentemente por um mesmo mercador ou que tivesse um mesmo responsável. Mesmo estes produtos, como vimos, não eram transportados, na maioria das vezes, com exclusividade." Ibidem, p. 180.
[35] Ibidem, p. 174.

"UMA PROVÍNCIA: ESTA" 49

de Minas Gerais, poderia ser considerada como o início de uma nova etapa. Estas atividades passaram por modificações no sentido de se voltarem mais para o desenvolvimento da produção interna."[36]

Aqui parecem ficar claros os nexos entre o setor direcionado para o mercado externo e a produção mercantil voltada para o abastecimento interno, com destaque para o fato de que a articulação dos dois setores passa pela realidade econômica de uma região que se especializou na extração de uma mercadoria que também funcionava como equivalente monetário.

Ciro Flamarion S. Cardoso em *Escravo ou Camponês?*[37] admite que as suas proposições sobre o Antigo Sistema Colonial padeciam de certas debilidades, com destaque para ausência de uma explicação mais sistemática sobre os vínculos efetivos que presidiam a dinâmica das relações entre as metrópoles e suas colônias.[38]

O desafio que se impõe para a historiografia sobre o período colonial e o imperial brasileiro, e não apenas de Minas Gerais, parece ser o de se estabelecer as correlações possíveis entre as determinações externas e as internas do sistema.

Talvez, o encaminhamento do debate daqui para frente tenda à compatibilização entre as análises que pretendam explicar a dinâmica externa do sistema aliando-a aos trabalhos que buscam estabelecer a face interna da experiência colonial, com seus desdobramentos para o século XIX, período no qual se mantém praticamente inalterada a estrutura escravista. Nesse sentido, a história de Minas Gerais se apresenta como um objeto menos peculiar do que pretendiam alguns dos autores abordados.

### Diversidade em uma economia mercantil de subsistência

No capítulo "Os problemas da colonização portuguesa", mais especificamente no item *Defesa do patrimônio*,[39] já citado antes, Fernando Novais afirma que "Não era possível explorar a colônia sem, de certo modo, desenvolvê-la". Além de tratar dos desafios enfrentados pela

---
[36] Ibidem, p. 41.
[37] São Paulo: Brasiliense, 1987.
[38] "Héctor Pérez Brignoli tem, provavelmente, razão ao dizer que nossa perspectiva não conseguiu «integrar o elemento de subordinação às metrópoles de modo sistemático»: com efeito, o fato colonial aparecia mais superposto do que integrado ao resto da análise." Ibidem, p. 35.
[39] Fernando Antônio Novais. *Portugal e Brasil na crise do Antigo Sistema Colonial*, cit., pp. 136-74.

metrópole na defesa efetiva do território, como o reforço das fortalezas, tercenas, exigências de um quadro marcado não apenas pelo acirramento das disputas entre as potências européias, mas pela importância econômica assumida pela colônia que — o que de certa forma aponta para inversão da situação de dependência colonial — o autor considera a maneira como o tema da colonização foi abordado no interior do movimento ilustrado, com destaque para o *História das Duas Índias* do Abade Raynal, terminando pelas diversas formas como esse pensamento repercutiu na América portuguesa e definiu a ação dos que atuaram nas revoltas de fins do século XVIII e início do XIX.

Tais considerações já antecipam, em algum tempo, e sem negligenciar o "fator colonial" as contribuições historiográficas que, anos mais tarde, como se viu logo acima, irão chamar a atenção para o fato de que a conjuntura econômica experimentada pela colônia portuguesa na América, pelo menos desde a década de 1790, apresentava um considerável dinamismo, o que, de certa forma explica a consolidação e dinamização de seu mercado interno, a continuidade, em magnitudes nunca antes experimentadas, do comércio de escravos com a África, etc.

Uma realidade que a historiografia mineira sobre o século XIX, notadamente a partir dos anos 1980, conforme referido, vem desvendando: uma organização econômica diversificada e dinâmica, com fortes contrastes regionais internos à província; uma população livre e escrava numerosa e em constante crescimento (as maiores do Brasil durante todo o período imperial) e com as maiores taxas de participação no tráfico internacional até seu fechamento; uma estrutura fundiária diversificada, onde conviviam todos os tamanhos de propriedade; a desconcentração da propriedade escrava, apesar da presença de grandes plantéis e o desenvolvimento de significativas atividades de transformação, especialmente as indústrias têxtil, siderúrgica e metalúrgica, a mineração aurífera subterrânea, além da agroindústria da cana-de-açúcar.[40]

Os dados demográficos, que a partir de então passaram a receber a atenção mais cuidadosa dos estudiosos, a começar pelos esforços dependidos por autores como Iraci Del Nero, Vidal Luna e Wilson Cano,[41] apontavam a incompatibilidade entre uma economia supostamente estagnada com ritmo acelerado de crescimento populacional, conside-

---

[40] Marcelo Magalhães Godoy et al. Dicionário das ocupações em Minas Gerais no século XIX, acompanhado de estudo histórico em torno da economia e sociedade mineira provincial. *Varia Historia*, Belo Horizonte, n.º 15, mar., 1996, pp. 161-92.
[41] Iraci del Nero da Costa & Francisco Vidal Luna. Demografia histórica de Minas Gerais. *Revista Brasileira de Estudos Políticos*. Belo Horizonte: UFMG, jan., n.º 58, 1984, pp. 16-62. Francisco Vidal Luna & Wilson Cano. Economia escravista em Minas Gerais. *Cadernos*. IFCH Unicamp, 10, out. 1983.

rados os padrões do período. Assim, e os estudos progressivamente foram refinando suas conclusões, no período entre 1819 e 1854 a população do Brasil dobrou e, com ela a da província de Minas Gerais. As médias de crescimento anual que se mostravam elevadas para o Brasil Imperial apresentaram crescimento superior em Minas, nos anos que vão de 1854 a 1872. Com base no exame dos dados, conclui Clotilde Paiva: "Para explicar estas evidências de crescimento demográfico os mitos da decadência econômica e populacional, que se perpetuaram na bibliografia sobre a Minas pós-*boom* minerador precisaram ser reconsiderados".[42]

Depois de um intervalo, que se estenderia, de acordo com Bergad, de 1786 a 1808, em que os efeitos do declínio da atividade mineradora se fizeram sentir de forma mais acentuada, variando de uma comarca para outra, quando decresce a importação de escravos, do que resultam taxas mais elevadas de reprodução entre os cativos, e a imigração de livres, bem como a população livre de cor passa a predominar em termos numéricos,[43] a província reassume a sua participação no mercado de escravos, sendo responsável pelo comércio de cerca de 40,7% dos escravos saídos da Corte do Rio de Janeiro.[44]

Se a diversificação era a marca registrada da economia provincial mineira, diversificada também era a distribuição regional dessa produção. A fim de apreender os diferentes níveis de dinamismo da economia mineira das primeiras décadas do século XIX, definido principalmente a partir das atividades comerciais — para os mercados regionais internos e provinciais externos —, Clotilde Paiva concretizou uma proposta de regionalização que, "partindo das informações sobre atividades econômicas contidas na literatura de viagem"[45] —, resultou na divisão da província em dezesseis unidades espaciais as quais, por sua

---

[42] As taxas de crescimento demográfico no Brasil e na província de Minas Gerais foram, respectivamente, 2,1 e 2,2 entre 1819 e 1854 e 2,2 e 2,5 entre 1854 e 1872. Clotilde Andrade Paiva. *População e economia nas Minas Gerais do século XIX*. Doutorado. São Paulo: FFLCH/USP. 1996. Boa parte das considerações que se seguem, exceto quando for indicado o contrário, baseiam-se no trabalho dessa autora.

[43] Laird W. Bergad. *Slavery and the Demographic and Economic History of Minas Gerais, Brazil, 1720-1888*. Nova York: Cambridge, 1999, pp. 1-25. Para uma crítica ao trabalho de Bergad, ver: Douglas Cole Libby. Minas na mira dos brasilianistas de Higgins a Bergad. In: Tarcísio Botelho et al. *História quantitativa e serial no Brasil: um balanço*. Goiânia: Anpuh-MG, 2001, pp. 279-304.

[44] Roberto Guedes Ferreira & João Luís R. Fragoso: Alegrias e artimanhas de uma fonte seriada. Os códices 390, 421, 424 e 425: despachos de escravos e passaportes da Intendência de Polícia da Corte, 1819-1833. In: Tarcísio Rodrigues Botelho et al. (orgs.). Op. cit., p. 247.

[45] "É a percepção que os viajantes têm do espaço que sugere a regionalização proposta". Clotilde Paiva. *População e economia nas Minas Gerais do século XIX*, cit., p. 90.

vez, foram divididas em três grupos tendo como critério o desenvolvimento econômico.

No primeiro grupo, o das mais desenvolvidas, reunindo várias vilas que desempenhavam o papel de entreposto comercial,[46] sobretudo para o comércio com o Rio de Janeiro[47] apresentavam maior densidade demográfica e urbanização mais expressiva, temos as regiões "Sudeste, Mineradora Central Oeste, Diamantina e Intermediária de Pitangui-Tamanduá", que compreendiam municípios como São João del-Rei, Barbacena, Ouro Preto, Caeté, Mariana, Sabará, Diamantina, Pitangui, dentre outros. Trata-se de antigas áreas de mineração e que por isso desenvolveram, ainda no século XVIII, atividades de abastecimento e transformação. Além disso, eram sede da capital e da administração eclesiástica da província.

A região de "Araxá, Sul Central, Vale do Alto Médio São Francisco, Médio Baixo Rio das Velhas, Mineradora Central Leste, Mata e Sudoeste", ocupavam posição intermediária, com destaque para Campanha, com unidades produtivas que conjugavam a mineração e fazendas diversificadas e que remetia bovinos para o Rio de Janeiro. Por fim, a região de "Minas Novas, Paracatu, Sertão, Sertão do Alto São Francisco, Triângulo, Extremo Noroeste e Sertão do Rio Doce" apresentavam os menores índices de desenvolvimento, apesar da importância de seus filatórios, com o comércio interprovincial voltado para a Bahia.

Depois de ressaltar o papel do capital mercantil, que determinava, muitas vezes, que as regiões que produziam para o mercado intraprovincial não se beneficiassem dos lucros, retidos pelos agentes de intermediação comercial, a autora conclui que

"A análise dos dados econômicos fornecidos pelos viajantes nos mostrou uma Província com fortes vinculações com o mercado externo, com pauta de exportações extremamente variada, incluindo sobretudo gêneros da agropecuária, simples ou transformados. Algumas regiões mantinham vínculos diretos com o exterior da Província, outras

---

[46] "Quanto mais fortes os vínculos com o mercado externo mais intensas eram as relações comerciais internas". Clotilde Paiva. Op. cit., p. 113.
[47] Sobre o "consumo perdulário" da Corte portuguesa instalada no Brasil, observam Mariutti, Nogueról & Danieli Neto: "A vinda da família real representou uma explosão na demanda que não pode ser avaliada apenas pelo aumento abrupto na população: uma nobreza extremamente perdulária aportou nessas terras, com padrões elevados de consumo...". Eduardo Barros Mariutti, Luiz Paulo F. Nogueról & Mário Danieli Neto. Mercado interno colonial e grau de autonomia: críticas às propostas de João Luís Fragoso e Manolo Florentino. *Estudos Econômicos*, São Paulo, v. 31, n.º 2, abril-junho, 2001, pp. 369-93.

relacionavam-se indiretamente com os mercados externos através da presença de intermediários que eram originários de outras regiões. Havia ainda um terceiro grupo de regiões que cumpria a função precípua de apoiar e subsidiar aquelas regiões direta ou indiretamente voltadas para mercados externos. Um quarto grupo era formado por aquelas inteiramente desvinculadas do setor exportador".[48]

No que diz respeito ao perfil demográfico da província, apesar de Minas reunir o maior contingente de escravos do Brasil imperial, como demonstraram vários estudos, apenas pouco mais de um terço (32,5%) dos domicílios tinham pelo menos um escravo, verificando-se o predomínio absoluto de fogos sem escravos. A desconcentração da propriedade mancípia era o padrão e "cerca de 1/4 dos fogos possuía apenas um cativo e mais da metade deles tinha até três escravos. A presença de proprietários de grandes plantéis era muito baixa".[49]

Os motins, sedições e revoltas que ocorreram em Minas Gerais entre 1831 e 1835 tiveram como palco os termos de Mariana, a capital Ouro Preto, a vila de Caeté e a freguesia de Carrancas. Do ponto de vista da divisão administrativa, as localidades situavam-se na comarca de Ouro Preto, comarca de Sabará e do Rio das Mortes, respectivamente. De acordo com a divisão proposta por Clotilde Andrade Paiva, todas se encontravam na macrorregião — Sudeste e Mineradora Central Oeste — de maior desenvolvimento econômico. Tratava-se da área mais densamente povoada da província, que contava com maior número de vilas e aglomerados urbanos e que abrigava a sede administrativa e a sede eclesiástica da província. Além de apresentarem uma pauta diversificada de exportações, de realizarem a distribuição dos produtos importados da Corte, sustentando, assim, vigorosa atividade comercial e o papel de entrepostos comerciais, eram responsáveis pelo grosso das atividades mercantis de subsistência que alcançavam a Corte e o município de Campinas.

Na região, que concentrava metade da população provincial, predominavam as mulheres entre os livres, o que sugere a existência de imigração. Já entre os escravos predominavam os homens com idade entre quinze e 44 anos, o que aponta para a participação dos proprietários no comércio internacional de escravos.[50] Aí registrava-se, também, o mais

---
[48] Clotilde Paiva. Op. cit., p. 160.
[49] Ibidem, p. 103.
[50] Roberto Borges Martins. Minas e o tráfico de escravos no século XIX, outra vez. In: Tamás Szmrecsányi & José Roberto do Amaral (orgs.). *História econômica da Independência e do Império*. São Paulo: Hucitec-Fapesp-ABPHE, 1996, pp. 99-130.

alto porcentual de mestiços, crioulos e africanos — quase a metade da população cativa — da província.

  Os embates que se verificaram, portanto, nos anos iniciais da Regência em Minas Gerais, não se deram entre áreas decadentes do ponto de vista econômico e as que emergiam no cenário da província como pólos produtores. Ainda que não se possa depreender, imediatamente, da realidade econômico-demográfica as razões para determinados comportamentos dos agentes históricos, a região em questão apresentava um perfil que, de acordo com o artigo de Ana Rosa Cloclet Silva, sumariado anteriormente, singularizava a província e poderia explicar os rumos que as lutas pela implementação de projetos identitários diversos de Estado e Nação viriam a assumir.

# Capítulo 3
# CONFLITOS ÉTNICOS E SEDIÇÕES NA PROVÍNCIA DE MINAS GERAIS (1831-1833)

> "Destemida, a oligarquia constrói seu duplo medo: acima, medo de quem a suplante em imperium; abaixo, medo de quem lhe conteste o poderio."
> — MARILENA CHAUI. "Sobre o medo".[1]

> "Quando dela [a plebe] se exigir que ame o que odeia, respeite o que despreza, tolere o que abomina, destrua o que estima, nada conterá seu furor."
> Ibidem.[2]

## "Republicanos" e "Monarquistas" em um país de escravos

Retomemos, uma última vez, as considerações de Martius especialmente as que revelam as apreensões do naturalista com a conturbada conjuntura dos anos 1830, marcada por intensas mobilizações nos "diversos países" do Brasil. Nessas passagens, depreende-se que o papel do historiador, além de urgente — "A história é uma mestra, não somente do futuro, como também do presente" — está marcado pelo pragmatismo e militância políticos uma vez que "pode difundir entre os contemporâneos sentimentos e pensamentos do mais nobre patriotismo", bem como "despertar e reanimar em seus leitores Brasileiros amor da pátria, coragem, constância, indústria, fidelidade, prudência, em uma palavra, todas as virtudes cívicas". A tarefa de convencimento que o historiador deveria assumir se fazia necessária sobretudo entre os

---
[1] In: Sérgio Cardoso et al. *Os sentidos da paixão*. São Paulo: Companhia das Letras, 1987, p. 42.
[2] Ibidem, p. 70.

que, certamente por ignorância, se deixavam seduzir por idéias republicanas de "todas as cores e qualidades":

"O Brasil esta afeto em muitos membros de sua população de idéias políticas imaturas. Ali vemos Republicanos de todas as cores, Ideólogos de todas as qualidades. É justamente entre estes que se acharão muitas pessoas que estudarão com interesse uma história de seu país natal; para eles, pois, deverá ser calculado o livro, para convencê-los por uma maneira destra da inexeqüibilidade de seus projetos utópicos, da inconveniência de discussões dos negócios públicos, por uma imprensa desenfreada, e da necessidade de uma Monarquia em um país onde há tão grande número de escravos."[3]

No que diz respeito à província de Minas Gerais, nos anos iniciais da Regência, a ameaça à almejada estabilidade política, ao contrário do que vaticinava Martius, não parecia originar-se, apenas, dos setores identificados como republicanos. Em Minas, o desafio à ordem derivava de uma tão estranha como instável aliança, constituída por uma elite, supostamente de cariz restaurador, associada a parcelas significativas das "classes heterogêneas", como era designada pelos documentos da época a camada de homens pobres, mestiços, forros e escravos, africanos e crioulos. A intensidade da aliança entre os dois setores variou em cada conjuntura, com as camadas populares conquistando autonomia de ação em momentos específicos e apresentando papel coadjuvante em outros, como se procurará demonstrar.

## Os motins na comarca de Ouro Preto (1831)

A historiografia sobre as sedições ocorridas na província de Minas Gerais no período regencial tem dado destaque ao movimento conhecido como "Revolta do Ano da Fumaça" ou "Sedição de Ouro Preto", ocorrido em 1833.[4] Apenas mais recentemente, vem se revelando a

---

[3] A afirmação sobre os inconvenientes de que as questões públicas fossem discutidas na imprensa em uma sociedade escravista aponta para a reiteração no tempo de um tipo de orientação, já presente na conjuntura da independência, em que se registraram as observações de um autor anônimo que alerta D. João VI para os perigos de se falar em liberdade em um país de negros. "Um documento inédito para a história da Independência". Traduzido e publicado na íntegra, juntamente com um estudo crítico, por Luiz Mott. In: Carlos Guilherme Mota (org.). *1822: dimensões*. São Paulo: Perspectiva, 1972, p. 482. Voltaremos ao documento em outra passagem deste capítulo.

[4] O principal levantamento bibliográfico sobre a "Sedição de Ouro Preto" é o realizado por Hélio Gravatá que enumera os seguintes títulos: José Xavier da Veiga. 22 de março de 1833 — Sedição militar de Ouro Preto. In: *Efemérides mineiras (1664-1897)*.

ocorrência de motins, ainda que relacionados ao "Ano da Fumaça", mas cuja composição social irá variar ao longo dos acontecimentos e que tem início já em 1831.[5] Sobressaem-se, nesse aspecto, os motins ocorridos no termo de Mariana, cerca de oito meses após o fim do Primeiro Reinado, e a Revolta de Carrancas que mobilizou significativo número de escravos na comarca do Rio das Mortes, no ano de 1833.[6] Os motins iniciados nas Minas em 1831, pelo exame inicial de sua composição social apontam as dificuldades de sua caracterização o que decorre, certamente, da sua natureza "híbrida", ao mesmo tempo fruto da conturbada conjuntura da época, mas também de sua ligação com um "modelo" de revolta ainda típica dos motins do período colonial. Essa filiação, ainda que parcial, aos motins coloniais, sobretudo aos que se multiplicaram nas Minas setecentistas, certamente ajudam a explicar certas lealdades que se expressaram entre população pobre, mestiços, membros da tropa, proprietários de escravos, eclesiásticos e a figura do Imperador, evocando as invectivas contra ao "mau governo" que preservavam, no entanto, a figura do Rei.[7] Assim, da mesma forma em que a ação do mau governo estava identificada, não apenas na América portuguesa, mas em outras partes do Império colonial lusitano, à extorsão fiscal, ou a questões relacionadas ao abastecimento, nos motins que se estendem em Ouro Preto e Mariana de 1831 a 1833, esses problemas se explicitam na oposição à elevação dos tributos.

---

Ouro Preto: Imprensa Oficial, vol. 1, pp. 343-70; Augusto de Lima. *Alma de Bayard*. In: *Noites de sábado*. Rio de Janeiro: Alvaro Pinto, 1923; Godofredo Viana. A sedição militar de Ouro Preto, em 1833. In: *Terra de ouro*. Rio de Janeiro: Calvino Filho, 1935, pp. 68-88. Para uma abordagem mais recente ver: Wlamir Silva. Usos da fumaça: a revolta do Ano da Fumaça e a afirmação moderada na província de Minas. *Locus: Revista de História*. Juiz de Fora, vol. 4, n.º 1, pp. 105-18, 1998.

[5] As relações entre as mobilizações foram pioneiramente abordadas no excelente artigo de Francisco Eduardo Andrade. Poder local e herança colonial em Mariana: faces da Revolta do "Ano da Fumaça" (1833). In: *Termo de Mariana: História e documentação*. Mariana: Ufop, 1998, pp. 127-35. Mais recentemente, ocupei-me do mesmo tema da "Sedição de 1833" com o interesse centrado na relação entre os motins e a elevação de tributos sobre aguardente. O artigo, intitulado "Aguardente e sedição no *Ano da Fumaça* (comarca de Ouro Preto, 1831-1833)" foi escrito em co-autoria com Renato Pinto Venâncio. Renato Pinto Venâncio & Henrique Carneiro (orgs.). *Álcool e drogas na Hiistória do Brasil*. Belo Horizonte-São Paulo: PUC/Minas-Alameda, 2005, pp. 185-202.

[6] O tema foi estudado por Marcos Ferreira de Andrade. *Rebeldia e resistência: as revoltas escravas na província de Minas Gerais (1831-1840)*. Mestrado. Belo Horizonte: Fafich/UFMG, 1996.

[7] Acerca dos motins do período colonial, com destaque para os de caráter fiscal, ver: Luciano Raposo de Almeida Figueiredo. *Revoltas, fiscalidade e identidade colonial na América portuguesa: Rio de Janeiro, Bahia e Minas Gerais*. Doutorado. São Paulo: FFLCH/USP, 1996.

O afastamento de autoridades que insistiam em onerar a população com impostos extorsivos e a regeneração do poder real poderiam aparecer como solução já bastante "testada" e com possibilidade de resultados positivos, capaz de mobilizar a população dentro de uma certa *tradição*. Esses aspectos, ainda que de forma insuficiente, ajudam a explicar melhor a aparente contradição entre um movimento com inequívoca participação popular, com um claro conteúdo étnico e sua identificação, possível, aos caramurus.[8]

Mas outros motivos, como veremos a seguir, ligados à conjuntura específica, marcada pelas mudanças introduzidas pelo Governo Regencial, logo após o "7 de Abril", auxiliam na compreensão das mobilizações ocorridas nesse período.

Em 18 de dezembro de 1831, um contingente estimado pelas testemunhas em torno de cinqüenta pessoas provenientes do distrito de Santa Rita do Turvo, freguesia do Mártir São Manuel do Rio da Pomba e Peixe, termo da Leal Cidade de Mariana, e vizinhanças, estivera reunido, portando espingardas, pistolas, espadas, facas, foicinhas e zagaias, desde as dez da manhã até as duas horas da tarde no arraial de Santa Rita. Entre gritos de Viva D. Pedro I os sediciosos asseveravam que a volta do Primeiro Imperador era certa.[9] Dando evidente demonstração de força, asseveravam que se fossem requisitadas forças policiais para debelá-los bastaria "um só grito" para que se reunissem mais de quatrocentas pessoas.[10]

---

[8] A conjugação entre restauração e movimentos populares nos remete à conjuntura portuguesa de 1825, marcada pelo expressivo apoio popular dado ao golpe miguelista: "O maior apoio ao golpe miguelista veio do distrito de Castelo Branco e Guarda, onde, no primeiro [...] houvera consideráveis agitações quando das eleições de 1822. Amotinações populares ocorreram na *Covilhã* e freguesias rurais circundantes, e ainda em *Fundão* e *Celorico*. Logo que em 4 de maio foram conhecidos na Covilhã [...] os acontecimentos de 30 de abril, o juiz de fora [...] mandou tocar o sino para o povo se juntar à porta da Câmara. Rapidamente 4000 a 5000 mil pessoas, que, em estado de exaltação, ouviram a proclamação em que D. Miguel justificava a sua ação pelo fato de o rei não ter vontade livre e estar ameaçado o Trono. [...] Os apertos financeiros em que o Estado se encontrava relacionam-se com alguns conflitos significativos que põem em causa não tanto as tributações em si como critérios e formas de cobrança utilizados. É sintomático que a quase totalidade dos casos se tenha verificado logo no ano seguinte à Revolução, quando o impulso libertário desta levou os povos a contestarem imposições que havia muito aceitavam sem protesto, mau grado provocarem agudas situações de injustiça. Articulam-se, pois, com o movimento geral de contestação do Poder". José Tengarrinha. *Movimentos populares agrários em Portugal (1808-1825)*, vol. II. Portugal: Europa-América, 1994, pp. 207-9.
[9] Processo-crime. Códice 217, Auto 5411, 2.º Ofício, fl. 3. Arquivo da Casa Setecentista de Mariana, 1833.
[10] Processo-crime. Códice 191, Auto 4780, 2.º Ofício, fl. 3v. Arquivo da Casa Setecentista de Mariana, 1832.

Postados nas duas principais estradas do povoado ou reunidos na praça da matriz os amotinados não se limitavam a proferir palavras de ordem identificadas à restauração: "Protestando neste lugar insultos [. . .] e daí pelas ruas deram salvas, e seduziram em altas vozes e gritos aos escravos, exortando-os que empunhassem armas e que unindo-se a eles ficarão livres da escravidão".[11]

O Capitão Jacinto Manuel Monteiro de Barros, homem branco, solteiro que vivia de sua roça, em seu depoimento confirma que os rebeldes, disparando armas, não apenas conclamavam todos os cativos, também os de sua propriedade, a que tentaram "seduzir", a aderirem à insurreição, tendo como contrapartida a liberdade, mas também ameaçavam assassinar os brancos do lugar, tomando-lhes as mulheres, propriedades e bens.[12]

As palavras de ordem proferidas pela "multidão" realmente reuniam elementos insólitos como a associação entre liberdade e o Imperador Pedro I, acusado de "absolutismo" pelos que apoiaram o 7 de Abril, bem como a figura do mesmo imperador e escravos empunhando armas em sua defesa e por esses atos ficando livres: ". . . gritavam viva a Dom Pedro Primeiro e viva à liberdade. E daí saindo pela rua, gritavam que os cativos pegassem armas e se juntassem a eles e que todos ficariam livres. Vendo nesta multidão sediciosa um escravo de José Gonçalves Ferreira, também armado. . .".[13]

Que o objetivo de algumas lideranças era o de extinguir a escravidão deixa clara a frase atribuída ao rebelde João de Oliveira, por alcunha "o Caroço", de que "dentro de oito dias [exatamente no Natal, para quando estava previsto o retorno dos revoltosos] haviam de ficar sem um escravo".[14]

Pela relação dos indiciados pelo crime de sedição, constante no processo-crime que serve de base a esta reconstituição, tem-se idéia de a que as autoridades queriam referir-se ao utilizarem o termo "classes heterogêneas", sobretudo se se constata que, àquela altura, exceto pela percepção do ouvidor interino da comarca e juiz de órfãos José Lopes da Silva Vieira de que aqueles indivíduos se encontravam "influídos por alguma pessoa de mais representação",[15] certamente enviesada pela convicção de que qualquer ação dos setores populares carecia de autonomia, ainda não se haviam incriminado os personagens das classes proprietárias que participaram do levante.

---
[11] Ibidem, fl. 3.
[12] Ibidem, fl. 4.
[13] Ibidem, fl. 16.
[14] Ibidem, fl. 35v.                    [15] Ibidem, f. 1.

Da relação mencionada, portanto, constam os seguintes nomes: Francisco Xavier, Manuel de Jesus, Francisco Rodrigues, Joaquim Rodrigues, Antônio Rodrigues, Manuel Machado, João Francisco de Oliveira, Antônio José de Sousa, Antônio Gonçalves Ferreira, Arsênio Martins, Cipriano Rosales, Francisco Gomes Esteves, João Paulo, José Vieira, Luís Vieira, Nicácio de tal, Manuel Ferreira, neto de Ana Maria do Rosário, Vicente, crioulo escravo da dita, dois ditos de José Rodrigues de Oliveira, dois ditos de Manuel José Cangalheiro, João Madeiro, escravo de José Gonçalves Ferreira, José Cipriano, João Braga, José Evangelista de Campos, Antônio, filho de Joaquim Vieira, João de Oliveira, vulgo Caroço, João Gonçalves da Fonseca, José Lopes, digo, Antônio Lopes, um genro e filhos de Francisco Xavier, dois ditos de José dos Santos, João e Domingos, filhos de Domingos dos Santos, e outros mais, "cujo número excedia a mais de cinqüenta, todos eles deste distrito de Santa Rita do Pomba e Descoberto de Arrepiados".[16]

Ainda que não se conheça a situação daqueles em que a condição social ou a origem étnica não vem referida — sabemos, pelas informações contidas no próprio processo-crime, que Nicácio de tal e João Braga eram pardos sendo este último agregado do também pardo João Teixeira Barros, homem solteiro, que vivia de seu "negócio de molhados"[17] — o fato é que ombreavam com escravos armados, alguns de propriedade de suas próprias famílias.[18] Fato que não impedia que se buscasse estabelecer uma certa hierarquia dentre os insurretos — que de forma alguma estaria assegurada em um contexto de extrema instabilidade, em que cativos eram exortados a pegar em armas — como aponta um dos testemunhos de que os revoltosos juravam que "sendo um de seus sectários capturados, ainda mesmo sendo um negro cativo, seria para eles um sinal de rebate e que reunidos soltariam à força das armas".[19]

---

[16] Processo-crime. Códice 191, Auto 4780, 2.º Ofício, cit., fl. 3.
[17] Ibidem, fl. 53v. Localizamos a pronúncia contra o réu João Braga. Seu advogado, Fortunato Arcanjo da Fonseca, alega em sua defesa que: "... porque o réu é pardo, homem muito simples, chegando à capela no dia apontado no Auto, viu uma reunião de homens de cor e a ela se congregou sem arma alguma, não só a ver o que se passava, como por se dizer era para obstar o cativeiro dos pardos. Porque o réu não ultrajou a pessoa alguma nem convocou a algum, ameaçou ou aconselhou para insurreição os escravos, nem tem capacidade para tal obrar e dirão testemunhas". Códice 224, Auto 5563, 2.º Ofício, AHCSM, João Braga, 1834, fl. 48.
[18] A participação de escravos é confirmada por uma das testemunhas: "E que ouvira dizer, nessa ocasião eles convidavam os escravos para se unirem a eles, sendo visto que alguns dos revoltosos eram escravos". Ibidem, fl. 44.
[19] Na passagem, a palavra *negro*, como se consta em várias documentações, poderia estar designando o escravo africano. Ibidem, fl. 4.

Que os fatores de ordem étnica afloraram naquele momento demonstram claramente episódios como o relatado por várias testemunhas: "... um dos da quadrilha [...] empunhara uma arma aos peitos de Manuel Roiz Branco perguntando-lhe se era branco ou pardo e ficando aterrado este lhe respondera que era mulato ao que lhes respondeu aquele dizendo que era o que lhe valia".[20] O acontecimento foi narrado pelo próprio Manuel Rodrigues, homem branco, solteiro, roceiro de 22 anos, morador no mesmo arraial. Se a escolha da vítima se devia à sua qualidade (homem branco) e ao seu sobrenome — uma *boutade* dos sediciosos — não há como esclarecer. O fato é que na qualidade "pardo" residia um elemento identitário[21] importante que informou a ação de muitos rebelados.

O fator étnico, como desencadeador de distúrbios e promotor de solidariedades, foi potencializado pela criação da Guarda Nacional. Propalava-se que o verdadeiro objeto do recrutamento era a escravização dos pardos: "Pois que, de modo algum consentiriam na formação das Guardas Nacionais, pois que esta só se formava para escravizar os pardos".[22] Nos depoimentos aparecem a força de determinados símbolos que, a nosso ver, certamente eram identificados ao cativeiro, como na passagem em que a revolta é justificada, para além do argumento central de que os brancos "queriam cativar os pardos", porque os mesmos homens brancos pretendiam "vesti-los de ceroulas de algodão",[23] certamente uma referência ao traje sumário que vestia os escravos e de cujo tecido de que eram feitas, o algodão grosso, a província de Minas Gerais foi uma das principais produtoras.

A declaração de que os pardos se batiam contra a possibilidade de escravização é reveladora por diversas razões. Uma delas, porque permite, a se concordar com determinada tradição teórica que critica como reificadora a noção de classe que toma como referência apenas o condicionamento "objetivo" determinado pelo processo de produção e propõe, ao diferenciar "experiência de classe" de "consciência de classe", que esta última se relaciona à "forma com que essas experiências são tratadas em termos culturais: encarnadas em tradições, sistemas de

---

[20] Ibidem.
[21] Sobre os fatores identitários intervenientes nos processos de crise do sistema colonial, emancipação política e formação do Estado Nacional, ver os artigos reunidos na obra organizada por István Jancsó. *Brasil: formação do Estado e da Nação*. São Paulo-Ijuí: Hucitec-Fapesp-Ed. Unijuí, 2003, com destaque para o artigo do organizador do volume.
[22] Processo-crime, fl. 8. O argumento é reiterado pelas várias testemunhas, como às folhas 22, 26v.
[23] Processo-crime, fl. 51.

valores, idéias e formas institucionais" permitindo, assim, que se consolidem solidariedades, e aqui me refiro aos trabalhos de E. P. Thompson,[24] que a ameaça de reescravização, em geral imaginária, constituía importante fator de coesão política dos forros e seus descendentes.

Não se trata aqui, da aplicação automática de conceitos e aparatos teóricos elaborados para a compreensão de um processo histórico específico, a emergência da classe operária na Inglaterra, para uma realidade essencialmente diversa, sobretudo no que diz respeito às formas de coerção ao trabalho. Nem se ignora que a categoria classe, também por sua identificação à emergência e consolidação do capitalismo, talvez não seja de todo adequada para o tratamento de sociedades como a do Brasil escravista onde prevaleciam formas de estratificação social baseadas no nascimento e na ordenação jurídica, mas na qual os critérios de riqueza não estavam de todo ausentes.[25] O que se quer ressaltar é que a experiência direta (forros) e indireta (mestiços descendentes) de cativeiro pode atuar como um fator identitário que unificou a ação de setores sociais em suas mobilizações políticas.

Talvez nesse ponto, a própria norma que prevaleceu em Portugal e na América portuguesa, expressa nas *Ordenações do Reino* sobre a possibilidade de reescravização do liberto acusado de ingratidão para com seu ex-senhor, ainda que de escassa aplicação nos domínios ultramarinos, pode ter persistido como um espectro a rondar os ex-escravos e seus descendentes, notadamente nas conjunturas politicamente mais instáveis. A possibilidade de atuação conjunta a partir de uma experiência comum — e aqui, apesar da diversidade ocupacional e do menor ou maior acesso (sempre restrito) à posse de escravos trata-se, em sua esmagadora maioria, de um contingente de homens pobres — não define, *a priori*, a direção das alianças que serão estabelecidas. Em outras palavras, a definição de alianças pode dar-se tanto na direção dos setores dominantes, ou de um bloco dentro desse universo, não necessariamente os mais "avançados" politicamente, ou em direção aos cativos ou, até mesmo,

---

[24] E. P. Thompson. *A formação da classe operária*. Rio de Janeiro: Paz e Terra, 1987, 3 vols.

[25] Nem seria o caso de se retomar as idéias que informaram as disputas entre os intérpretes do escravismo, no início da década de 1990, e que dizem respeito à concepção de lei e do direito formuladas por Thompson e Eugenese Genovese. Neste caso, basta expressar minha concordância com as considerações de Jacob Gorender: "Aqui, basta frisar que a universalidade e igualdade das normas legais para todos os indivíduos só começou a ter vigência no direito burguês. Nas formações sociais precedentes, organizadas por castas, ordens ou estamentos, o direito era explicitamente não universal e desigual. A própria lei nomeava os segmentos sociais privilegiados e os segmentos destituídos de privilégios". *A escravidão reabilitada*. São Paulo: Ática, 1990, p. 30.

uma ação conjunta com segmentos de um e outro setor, e no último caso a experiência histórica brasileira tem demonstrado que as alianças desse tipo privilegiam os escravos crioulos em detrimento dos africanos. Que o protesto contra ameaça de escravização não era um fator específico da sedição em foco, demonstram não apenas a análise da Revolta de Carrancas, que será feita, em linhas gerais, mais adiante, mas, também, para citarmos apenas mais um exemplo, os motins no Nordeste que ficaram conhecidos como "Ronco da Abelha", já no Segundo Império, nos quais se observou violenta mobilização popular contra o registro civil que, segundo se espalhou, seria realizado com o intuito de se escravizar a população pobre e os pardos.[26]

Já a tomada de posição em relação à Guarda Nacional talvez dependesse da origem étnica da liderança que se pronunciava a respeito da "milícia cidadã", variando da oposição mais firme, principalmente entre os pardos, à que condicionava sua instalação ao "consentimento" de pessoas mais graduadas do município, certamente, não por coincidência, ligadas aos antigos corpos de milícias que a Guarda Nacional, uma proposta já acalentada no Primeiro Reinado, vinha substituir: "O cirurgião aprovado, Júlio Moreira da Silva [. . .] disse pelo ouvir a Francisco Xavier dizer ele próprio, a ele testemunha, que não estava para consentir em semelhantes Guardas Nacionais e nem formação de companhias das mesmas, sem que primeiro consultasse a seu amo, o Capitão-Mor Manuel José Esteves".[27] Ou da questão de quem seria indicado para o oficialato. Os sediciosos se sentiam excluídos:

---

[26] "Em 16 de fevereiro de 1852, na Paraíba, mais precisamente na vila do Ingá, um grupo de indivíduos composto por mais de cem homens invadiu esta vila em oposição à execução do Regulamento de 18 de janeiro de 1851, que disciplinava o registro dos nascimentos e óbitos. Durante o mesmo ano, novos motins populares surgiram, pelo mesmo motivo, em várias localidades. Na serra de Araruna as mulheres chegaram a ir à missa armadas de cacete e com pedras no seio, protestando contra o mesmo regulamento. Este episódio ficou conhecido como a revolução «Ronco da Abelha». A idéia que a população tinha sobre esses registros era que eles tinham como objetivo manter o controle de negros e pobres para colocá-los em cativeiro. Maria de Fátima Santos de Araújo. Espaço urbano e medicina social no Nordeste no século XIX (mimeo). Sobre a composição social do movimento ver: Izabel Andrade Marson. O império da revolução: matrizes interpretativas dos conflitos da sociedade monárquica. In: Marcos Cezar Freitas (org.). *Historiografia brasileira em perspectiva*. São Paulo: Contexto, 1998, p. 73. Na década de 1870, o Estado passa a organizar o registro civil ainda que com base nos dados reunidos pelos eclesiásticos: "A partir de 1870, de acordo com a Lei n.⁰ 1829, deu-se a organização do registro civil pelo Estado, ficando a Igreja obrigada a enviar à autoridade civil a série de informações registradas". Elza Berquó. Arranjos familiares no Brasil: uma visão demográfica. In: Fernando A. Novais (coordenador-geral) & Lilia Moritz Schwarcz (organizadora do volume). *História da vida privada no Brasil: contrastes da intimidade contemporânea*. São Paulo: Companhia das Letras, 1998, vol. 4, pp. 412-38.
[27] Processo-crime, fl. 9.

"Levo também ao conhecimento de vossa excelência que, tendo-se feito o alistamento das Guardas Nacionais neste distrito, se enviaram as listas à câmara de Mariana, tendo chegado o seu número ao conjunto de cento e trinta e tantos homens, não tem sido ainda marcada a parada para se proceder na forma da lei às eleições dos oficiais que têm que servir. E que estes mencionados a sediciosos, não sendo contemplados no alistamento, pretendem, logo que se marque o dia das eleições, virem para obstá-las à força d'armas."[28]

Concorria, certamente, para a oposição de boa parte da população à instalação da Guarda Nacional uma ameaça bem mais concreta do que a de escravização dos pardos, como reconheceria, algum tempo depois, o próprio presidente da província:

"Os exercícios de instrução tornam-se sumamente pesados aos Guardas Nacionais, que têm de abandonar as suas casas para concorrerem às paradas das Companhias; e sendo quase todos os Guardas pessoas estabelecidas, e que vivem de lavoura, e de produto do seu trabalho industrial, manifesto é o sacrifício que são obrigados a fazer e natural a repugnância com que a ela hão de prestar se na falta de meios legais coercitivos, ou na ausência de um estímulo veemente que os mova".[29]

Reforçava a disposição dos sediciosos a "informação" que circulava de que "Dom Pedro Primeiro já tinha chegado ao Rio de Janeiro com dezenove vasos de guerra".[30]

Um outro elemento que pode ter contribuído para a mobilização de escravos e libertos foi a publicação, na cidade de Mariana e demais distritos do termo a 30 de setembro de 1831, do *Edital* sobre a circulação de escravos que buscava controlar o deslocamento da parcela da população escrava e forra da província. No caso dos cativos, a medida se destinava a normatizar a movimentação dos escravos empregados por seus senhores no transporte de gêneros de subsistência para os mercados locais e interprovinciais, atividade na qual se especializou a economia da província muito antes do declínio da mineração. No que diz respeito aos libertos, chama atenção a disposição de torná-los portadores de mais um documento que não fosse apenas a carta de alforria, no

---

[28] Processo-crime, fl. 16.
[29] Relatório apresentado na instalação da Primeira Assembléia Legislativa de Minas Gerais pelo Presidente Limpo de Abreu, 1.º de fevereiro de 1835. *RAPM*, p. 105.
[30] Ibidem, fl. 51v.

intuito claro de cercear-lhes a liberdade de deslocamento: "4. O africano forro, e ainda qualquer liberto de qualquer cor será obrigado a apresentar ao juiz de paz do distrito, por onde transitar um passaporte do juiz criminal, ou de paz do distrito próximo com declaração de seus costumes e o motivo de sua jornada".[31]

A proximidade com o Presídio de São João Batista levava os sediciosos, que "batucaram toda a noite", a ameaçarem com a possibilidade de mobilizarem índios em apoio ao movimento, conforme consta da carta enviada pelo Alferes Joaquim José de Barros ao juiz de paz da paróquia "e também falam diante de todo o povo que [. . .] iam buscar os índios da parte deles. . .".[32]

Após ameaçarem com armas o juiz de paz do distrito, inquirindo-o sobre "a exata observância e execução das leis e posturas policiais",[33] os rebeldes, em tom de desafio, arrancaram e rasgaram um edital que proibia o uso de armas ofensivas,[34] a considerar o depoimento de uma testemunha, dirigido diretamente aos pardos,[35] sem descuidar da autoridade distrital, contra quem proferiam "impropérios e sarcasmos os mais obscenos e injuriosos".[36] Aos insultos, intercalavam-se os "vivas" a D. Pedro I e à liberdade.

As testemunhas relatam que ao morador Modesto Antônio fora perguntando, pelos sediciosos, "que partido seguia" e, depois de responder "que seguia o partido deles" fora obrigado a dar "vivas anárquicos".[37] Certamente, a palavra *partido* era empregada aqui de forma mais

---

[31] Edital sobre a circulação de escravos. Códice 715. Arquivo Histórico da Câmara Municipal de Mariana, 1831. Outra possibilidade, também relacionada aos acontecimentos do período, era a de que a disposição tivesse por objetivo conter as mobilizações que já se faziam sentir, sobretudo no termo de Mariana.
[32] Ibidem, fl. 13v.
[33] Ibidem.
[34] A regulamentação do porte de armas, defensivas e ofensivas, durante o dia e à noite foi objeto de preocupação das Câmaras no período colonial, não apenas para controlar seu uso pelas "classes ínfimas", com destaque para os escravos, mas também porque portá-las constituía privilégio concedido pelo rei a algumas localidades, como fora o caso da Vila de Nossa Senhora do Carmo que, quando de sua elevação a vila recebeu, além do título de *Leal*, os mesmos privilégios da Cidade do Porto. No Oitocentos, a regulamentação do porte e uso de armas seguiu sendo preocupação das câmaras, pelo menos na primeira metade do século XIX. Sobre o assunto ver: Iris Kantor. A Leal Vila de Nossa Senhora do Ribeirão do Carmo. In: *Termo de Mariana: história e documentação*. Mariana: Ufop, 1998, p. 148.
[35] ". . . em dias do próximo passado mês de novembro houveram [*sic*] por aqui alguns boatos que os pardos deste distrito pretendiam vir armados acintosamente a este arraial de Santa Rita do Pomba, por lhes constar haver um edital que o proibia". Processo-crime, fl. 16.
[36] Ibidem.
[37] Ibidem, fl. 4.

ampla, visto que somente após a década de 1840 é que se pode falar em organizações partidárias no Brasil,[38] prevalecendo, à época, as *Sociedades Defensoras*.[39] Porém, de acordo com Lúcia Pereira das Neves, na conjuntura da Independência política a utilização do termo ". . . já demonstrava os primórdios de uma postura partidarista na cena política".[40] Em nosso caso, porém, o emprego do termo *partido* parece aproximar-se de seu uso mais corrente nas duas primeiras décadas do século XIX quando adquiriu a acepção de "bando, facção, «fautoria de pessoas que seguem e favorecem a opinião de alguém ou de alguns, em política»".[41] Seja como for, para algumas das testemunhas não restava dúvidas de que os revoltosos seguiam o "partido dos *corcundas*",[42] termo pejorativo empregado para designar os restauradores.

Os mais exaltados anunciavam que a rebelião propriamente dita estava marcada para o dia de Natal, quando se encontrariam ainda em maior número e marchariam para a cidade de Mariana "onde se acharão mel mais grosso pois aí haviam mulheres abelhas".[43] A demanda pela sede religiosa da província talvez partisse da compreensão que os re-

---

[38] De acordo com Jean-Philippe Challandes os três principais "partidos" do período regencial seriam o "Luso-Brasileiro", que agruparia os homens afastados do poder com a Abdicação; o "Bloco de Coimbra", que se distinguiria dos primeiros pelo desprezo que votavam a D. Pedro I, no qual se incluiria Bernardo Pereira de Vasconcelos e Honório Hermeto Carneiro Leão, e o "Nativista" que congregaria aqueles cujos projetos políticos apresentavam contornos regionais ou provinciais, no qual se situaria o conselheiro do Governo Provincial mineiro José Bento Leite Ferreira de Melo. *A pátria dos vencidos: o crepúsculo de um projeto de Nação, Brasil (1839-1842)*. Doutorado. Brasília: UnB, 2002, pp. 18-21.
[39] Sobre as *Sociedades Defensoras* ver: Augustin Wernet. *Sociedades políticas (1831-1832)*. São Paulo-Brasília: Cultrix-INL, 1978. Especificamente sobre a Sociedade Defensora da Liberdade e da Independência: Lúcia Maria Paschoal Guimarães. Liberalismo moderado: postulados ideológicos e práticas políticas no período regencial (1831-1837). In: Lúcia Maria Paschoal Guimarães & Maria Emília Prado (orgs.). *O liberalismo no Brasil Imperial: origens, conceitos e prática*. Rio de Janeiro: Revan, 2001, pp. 103-26.
[40] Lúcia Maria Bastos Pereira das Neves. *Corcundas e constitucionais: a cultura política da independência (1820-1822)*. Rio de Janeiro: Revan-Faperj, 2003, p. 194.
[41] Ibidem.
[42] "Por isso que ele, testemunha, ouvira o Padre Sebastião da Rocha dizer que um filho do Capitão Miguel Antônio Leal, dissera em casa dele, padre, que breve havia de haver barulho e que ele, padre, servisse ao partido dos corcundas, que era o do filho do dito capitão" — fl. 36v. A referência ao "partido dos corcundas" aparece mais uma vez no mesmo documento à folha 44.
[43] Ibidem, fl. 5v. É curioso notar, que o tema dos "meles produzidos por mulheres abelhas" é recorrente no candombe, o que talvez revele aspectos dos elementos étnicos envolvidos no conflito: "A importância do ritual da pinga é tal que há uma categoria funcional de pontos de jongos e de candombe especialmente dedicada à bebida, cantados no momento em que a cabacinha passa de mão, para o *golo* coletivo do *remedinho*. [. . .] «Que abelha tão brava/que mel tão doce»". Paulo Matos. A outra festa negra. In: István Jancsó & Íris Kantor )org.). *Festa: cultura e sociabilidade na América portuguesa*. São Paulo: Hucitec-Fapesp-Edusp-Imprensa Oficial, 2001.

beldes expressavam de que "... estas desordens e levantes não eram somente neste distrito, pois aconteciam ao mesmo tempo em muitos pontos do império".[44] Se a abrangência do movimento não atingiu a magnitude esperada pelos rebeldes, estes pelo menos contavam com o apoio de localidades um pouco mais distantes, como Barão de Cocais: "Acresce mais o dizerem que se algum for preso, será tirado à força d'armas e que ficando algum criminoso, se irão unir ao Gongo Soco".[45]

Que as mobilizações na Corte repercutiam na província comprova a ação dos partidários do Governo Regencial, como o juiz de paz de Rio Pardo que, a 14 de maio de 1831, conclama os "brasileiros" a acorrerem à Corte a fim de impedir a ação dos restauradores. Os termos são insultuosos aos portugueses: "Guerreiros de fundo de garrafa", "corja marotal", "leões".[46] Atendendo a uma proclamação do mesmo tipo, a 25 de julho de 1831, cidadãos da província de Minas dirigem um abaixo-assinado ao presidente da província, Inácio de Melo e Sousa, dizendo-se dispostos a marcharem para o Rio de Janeiro em defesa da Regência.[47]

As testemunhas reiteraram, em seus depoimentos, que os rebeldes insistiam em se dizer liderados pelo comandante vitalício das companhias de ordenança, o Capitão-Mor Manuel José Esteves Lima a quem protestavam a mesma fidelidade depositada no Imperador:

"[a testemunha] . . . sabe pelo ver e ter ouvido alguns sediciosos dizerem que não respeitam as atuais leis e autoridades constituídas e que só reconheciam por seu superior ao Capitão-Mor Manuel José Esteves Lima e a D. Pedro I, e que estavam prontos a derramarem a última gota de sangue por eles. . ."[48]

---
[44] Processo-crime, fl. 6v.
[45] Ibidem, fl. 16.
[46] *RAPM*, p. 110.
[47] Ibidem.
[48] Processo-crime, fl. 7v. Apenas duas testemunhas contestam a liderança de Manuel José Esteves Lima nos distúrbios de Santa Rita do Turvo, ao mesmo tempo que incrimina a Francisco Xavier. A primeira delas é José Inácio do Carmo: ". . . e disse mais, ele, testemunha, que tem ouvido falar que o Capitão-Mor Manuel José Esteves Lima protege esta desordem, porém que ele, testemunha, tal não reparou porque, perguntando ele, testemunha a Francisco Vila Nova o que dizia o capitão-mor desta desordem, respondeu-lhe o dito Vila Nova, que Francisco Xavier tinha ido à casa dele, capitão-mor e que este dissera a Francisco Xavier que se metesse na casa e não fizesse desordem. E isto, porque o dito Xavier lhe fora perguntar o fim para que era o alistamento, e que o capitão-mor ouvira que no dia da eleição só eram chamados os pardos. Que então chamariam, porque esta lei é igual para todos". Ibidem, fl. 22. A outra, Luís Francisco de Azevedo, homem branco, solteiro, natural

De acordo com Francisco Eduardo Andrade,[49] o capitão-mor compunha, juntamente com o Coronel João Luciano de Sousa Guerra — a respeito de quem falaremos no próximo capítulo — e o Tenente-Coronel Teobaldo Sanches Brandão os "senhores poderosos de Mariana". Considerado pelo autor como "homem de fortuna" e típico "potentado local", Francisco Andrade conclui que "Esteves Lima era homem muito influente na região, sendo grande proprietário de terras no Sertão do Casca (leste do termo)".[50]

Nascido em Portugal,[51] Manuel José Esteves Lima tinha cinqüenta e um anos por ocasião dos motins na comarca de Mariana. Talvez se possa atribuir à negligência dos juízes de paz, ou de seus representantes, o fato de o capitão-mor aparecer, nas *Listas Nominativas*, com somente três escravos adultos.[52] Do contrário, há que se admitir, com base nos referidos registros, e diferentemente do que aponta a historiografia que, apesar da posição destacada nos episódios que marcaram os primeiros anos da Regência em Minas Gerais e de ocupar o posto de capitão-mor, Manuel Esteves Lima era um homem de posses modestas.

Seu nome consta da "Relação de Engenhos e Casas de Negócios por distritos em 1836"[53] como proprietário de um engenho movido a água.[54] De acordo com Clotilde Paiva, a "Relação de Engenhos. . ." pode ser considerada um censo econômico, elaborado por iniciativa da presidência da província, em ofício datado de 16 de junho de 1836, e execu-

---

da freguesia de São Miguel, termo de Caeté e morador neste arraial de Santa Rita, onde vive de seu negócio e escola de meninos, de idade de trinta e oito anos, pouco mais ou menos: "Respondeu que tem ouvido dizer geralmente que Francisco Xavier, antes de vir ao arraial com os revoltosos, fora à casa do Capitão-Mor Manuel José Esteves Lima e que este dissera ao dito Xavier que não viesse ao arraial com semelhante desordem. . ." — fl. 29v.

[49] Poder local e herança colonial em Mariana: faces da Revolta do "Ano da Fumaça". In: *Termo de Mariana. . .*, cit., p. 134.
[50] Ibidem.
[51] "Português mais inimigo da Liberdade, do que os mesmos satélites de D. Miguel". *O Universal*, Ouro Preto, n.º 578, 6/4/1831. Apud: Wlamir Silva. *Liberais e povo": a construção da hegemonia liberal-moderada na província de Minas Gerais (1830-34)*. Doutorado em História. Rio de Janeiro: IFCS/UFF, 2002.
[52] *Listas nominativas dos distritos mineiros por município, 1831/1832-1838/1840*. Cedeplar/ UFMG. Digitalizado. Dada a discrepância entre os dados registrados para o domicílio do capitão-mor e as terras que aparecem em outra documentação como sendo de sua propriedade, eles não foram incluídos na análise do perfil socioeconômico dos sediciosos que será feita no próximo capítulo.
[53] Fundo SPPP 1, 06, cx. 02. Uma cópia do documento foi gentilmente cedida por Marcelo Magalhães Godoy, a quem agradeço.
[54] Dos setenta engenhos listados pelo juiz de paz de Ponte Nova, apenas sete aparecem movidos a água; os demais eram trabalhados com força motriz animal. "Relação de Engenhos e Casas de Negócios por distritos em 1836". . .

tado pelos juízes de paz de Minas Gerais.⁵⁵ Constituída com objetivo de servir de base à cobrança de tributos sobre a produção e comercialização de aguardente, as informações recolhidas variaram de acordo com a localidade, sendo constantes apenas as informações sobre o nome do proprietário e a força motriz ou "seus motores", como vem registrado no documento. Apesar de movido à água, o que, em geral, caracterizava os engenhos maiores,⁵⁶ a se considerar o número de escravos de propriedade de Esteves Lima sua "fábrica" não passava de uma engenhoca. De acordo com os dados registrados na *Lista Nominativa*, onde aparece como lavrador e não com "engenheiro", eram seis os escravos do capitão-mor, mas apenas três adultos: o africano Joaquim, de 35 anos, a crioula Tomásia, de 28, casados e pais de três filhos de três, cinco e sete anos e a escrava Lauduvia, crioula, de 27 anos. Os demais habitantes do fogo eram as agregadas Joaquina Maria Justiniana, branca, 26 anos, solteira e sua filha Manuela, de oito anos Assim, Esteves Lima parecia sofrer de um problema comum à maioria dos proprietários de engenho da província: a insuficiência de escravos.⁵⁷ Como observa Clotilde Paiva,

"São quatro os problemas vividos por estas «fábricas de cana»: a falta de lenha ou elevados custos de transporte de lenha buscada a grandes distâncias [. . .]; a escassez de cana ou custos de transporte para buscá-la em outras fazendas, apontando para existência de uma divisão entre atividade agrícola (plantadores) e atividade industrial (engenhos); a grande mortandade de bois e sua escassez [. . .]; a ausência ou insuficiência de escravos, sugerindo que esta mão-de-obra era essencial aos trabalhos dos engenhos."⁵⁸

Nunca é demais insistir, porém, que no caso da contagem dos habitantes do fogo de Esteves Lima, talvez se tenha observado o mesmo problema que se deu quando da confecção da Relação de Engenhos e

---

⁵⁵ Clotilde Andrade Paiva. *População e economia nas Minas Gerais do século XIX*. Doutorado. São Paulo: FFLCH/USP, 1996, p. 78. Sobre o mesmo tema ver o artigo de Clotilde Paiva em co-autoria com Marcelo Magalhães Godoy. Engenhos e casas de negócios nas Minas oitocentistas. *Anais do VI Seminário sobre a economia mineira*. Diamantina: Cedeplar/UFMG, 1992.
⁵⁶ A observação é válida principalmente para o século XVIII. Ver: Maria Verônica Campos. Os engenhos de cana na comarca do Rio das Velhas, século XVIII. In: *Anais do VII Seminário sobre a economia mineira*. Diamantina: Cedeplar/UFMG, 1995, vol. 1.
⁵⁷ No seu trabalho com os mapas de população de 1831-1832 e 1838-1840, Douglas Libby encontrou senhores de engenho sem nenhum cativo. Transformação do trabalho, p. 34.
⁵⁸ Clotilde Andrade Paiva. *População e economia nas Minas Gerais do século XIX*, cit., p. 81.

casas de negócios para o município de Ponte Nova, cuja morosidade no recolhimento de dados, e insuficiência no preenchimento dos itens previstos,[59] o juiz de paz de Mariana, em ofício dirigido ao presidente da província atribui aos inspetores de quarteirão:

"Em observância ao ofício de V.Ex.ª com o fecho de 16 de junho p.p. em que me determina envie uma relação dos Engenhos deste Distrito em que se fabricar aguardente com declaração dos seus motores; e em segundo lugar uma dita das Casas em que se vender aguardente simples ou beneficiada com distinção de suas situações assim mais das lojas de fazendas secas e Casas de Armazéns em que se vender q.ᵉ q.ʳ espíritos importados com declaração dos nomes de seus possuidores, e cada um dos ditos estabelecimentos. Portanto apresento a V.Ex.ª as sobreditas relações como me foi determinado o que me não tem sido possível cumprir pelo moroso expediente dos Inspetores de Quarteirões deste Distrito."[60]

Assim, parece plausível a hipótese de que os funcionários teriam subestimado o total de escravos de sua propriedade, tanto porque o número de cativos não se coaduna com a qualidade de "homem de bem" que as testemunhas insistem em lhe atribuir[60] e muito menos com as extensas propriedades de terra que ele possuía.

Conforme mencionado, Esteves Lima era possuidor de grande quantidade de terras no Sertão do Casca. A esse respeito, dois documentos envolvendo o capitão-mor, transcorrido algum tempo depois que os acusados de participação ativa na Sedição de Ouro Preto já haviam sido beneficiados pela anistia concedida pelo Governo Regencial, nos parecem elucidativos. O primeiro é um processo-crime datado de 1839 em que Manuel Esteves aparece como autor, no qual denunciava um grupo de pessoas, dentre as quais se incluíam crioulos forros, caboclos,

---

[59] Quais sejam: mão-de-obra empregada, destino da produção, presença de outras atividades econômicas na fazenda, horário/turno de funcionamento, porte, tipo — engenhoca ou engenho — forma de aquisição da "fábrica" e escala de produção. Clotilde Andrade Paiva. Op. cit., pp. 81-2.
[60] SPPP 1/6, cx. 7, d3, 12 de outubro de 1836, Arquivo Público Mineiro.
[61] A testemunha Quintiliano Ferreira dos Santos "Respondeu que, a julgar-se pelo que ele, testemunha ouviu a Francisco Xavier que publicamente disse que era patrocinado de um homem de bem, parece a ele, testemunha, que o Capitão-Mor Manuel José Esteves Lima será entrado nessa desordem, por isso, que ele é o protetor do dito Xavier que, continuamente está em sua casa". Processo-crime, fl. 41v. É claro que em uma sociedade escravista como a do Brasil imperial, a riqueza não era o único critério de estratificação social. Mas há indícios suficientes, como se mostrará, de que o capitão-mor era homem de posses.

proprietários e escravos, de invadirem umas suas "terras de cultura em um braço do ribeirão de São Pedro, que deságua no rio Casca, tendo nelas levantado um Rancho com esteios que servisse de pousada aos trabalhadores, feito caminho e pontes e roçado, derrubada para três quartas ou um alqueire de plantas de milho. . .",[62] botando abaixo as benfeitorias aí erguidas, sem poupar nem mesmo as duas pontes e o roçado. As testemunhas confirmaram que essas terras eram do queixoso que delas possuía título de sesmaria.[63] Os acusados teriam retornado alguns dias depois "fazendo algazarras e motins perturbando o serviço gritando em altas vozes que o queixoso era um ladrão de terras. . .". A se crer no relato de uma testemunha, agregada do mesmo capitão-mor, o oficial de carpinteiro João Custódio, morador no arraial do Anta, os supostos agressores eram antigos desafetos do militar, aproveitando para agir na região enquanto seu "protetor" se encontrava preso em Mariana.[64]

Mais importante: no documento aparecem escravos que, ao que tudo indica, "não foram localizados" pelo inspetor de quarteirão no domicílio de Esteves Lima, alguns anos antes, bem como a informação de que a unidade produtiva era também explorada com mão-de-obra que não a cativa:[65] ". . . e disse que achando-se ele testemunha no lugar do delito nos dias vinte e três e vinte e quatro de julho do presente ano com escravos do queixoso e com mais gente fazendo serviço por determinação do mesmo queixoso".[66]

---
[62] Processo-crime, códice 233, auto 5809, 2.º Ofício, fl. 3, Arquivo da Casa Setecentista de Mariana, 1839.
[63] O título de sesmaria aludido não consta do Relatório final da "Transcrição de cartas de sesmarias confirmadas: Minas Gerais, 1700-1822", projeto coordenado por Renato Pinto Venâncio. De acordo com Venâncio, foram transcritas as ". . . *cartas de sesmarias confirmadas*, referentes à capitania de Minas Gerais, entre 1700 e 1822, quando então foi praticamente suprimido esse meio de acesso a terra [. . .]. Conforme indicam especialistas, a diferença fundamental entre as «cartas de sesmarias confirmadas» e as «cartas de concessão de sesmarias» estava no fato de as primeiras dependerem de «confirmação régia», enquanto as segundas eram assinadas apenas pelo donatário ou governador da capitania; isso para não mencionarmos os casos em que elas eram concedidas por capitães-mores. A generalização da obrigatoriedade das «confirmações» só ocorreu em fins do século XVII". Projeto Iter/Ufop, 2001-2002. No caso analisado tratava-se, certamente, de sesmaria não confirmada.
[64] ". . .que ele testemunha sendo agregado do Capitão-Mor Manuel José Esteves Lima no tempo que o mesmo esteve preso, por ocasião da sedição os mesmos referidos na dita queixa foram a casa dele testemunha e lhe furtaram tudo quanto possuía até ao ponto de lhe botarem a referida casa abaixo". Processo-crime, códice 233, auto 5809, 2.º Ofício, Arquivo da Casa Setecentista de Mariana, 1839.
[65] Alguns desses trabalhadores lhe servem de testemunha: Domingos Pereira da Cunha, de idade de trinta e um anos, casado, que vive de cultura, morador nas terras do queixoso e o Capitão João Francisco Vieira. Processo-crime, 1939, fl. 5v e 6.
[66] Processo-crime, códice 233, auto 5809, 2.º Ofício, fl. 6. Arquivo da Casa Setecentista de Mariana, 1839.

O documento informa ainda que, além de proprietário de engenho de cana, movido a água, Manuel Esteves compunha, juntamente com outros sediciosos, o grupo de proprietários da típica fazenda mineira cuja diversificação era uma marca destacada, cultivando o milho e outros gêneros de subsistência e desenvolvendo atividades criatórias. Mais uma evidência nesse sentido é o registro de que transações de natureza econômica envolviam o capitão-mor e o grande proprietário de escravos, o Coronel João Luciano de Sousa Guerra, também envolvido nas sedições de 1831-1833. Ainda que não seja possível precisar a data em que o negócio ocorreu, encontra-se registrado no inventário do coronel que uma de suas herdeiras, D. Jesuína Manuela de Sousa Guerra, possuía um conto de réis, "... produto de umas terras vendidas pelo Capitão-Mor Manuel José Esteves Lima, cuja apanha foi dada pelo coronel desta herdeira para pagamento das casas que foram do Tenente-Coronel Fortunato".[67]

No mesmo intuito de prosseguir preenchendo o que nos parece ser uma falha no registro dos dados sobre o domicílio do capitão-mor, recorremos a outros documentos, com destaque para as ações cíveis, que possibilitam, sobretudo, reconstituir as relações sociais estabelecidas entre ele e pessoas dos mais diferentes segmentos sociais, nos anos que precederam os distúrbios verificados no termo de Mariana.

Se um número significativo de forros compôs com Manuel José Esteves Lima, ainda que de forma subordinada, a liderança do movimento de 1831-1833, eles aparecem também realizando negócios, alguns deles aparentemente escusos, com o capitão-mor, ou como seus parceiros na exploração de lotes de terra, servindo-lhe de testemunha em ações movidas contra antigos desafetos políticos.

Dois anos antes de pleitear o cargo de arrematador dos dízimos das freguesias do Inficionado, São Miguel e Santa Bárbara em 1810, apresentando como fiador o proprietário "de engenho de cana e numerosa escravaria" Capitão Joaquim José Fernandes, de São José de Barra Longa,[68] o então Alferes Manuel José Esteves Lima já litigava com a Irman-

---

[67] Inventário do Coronel João Luciano de Sousa Guerra. Códice 29, auto 710, 2.º Ofício, fl. 12, 1866.
[68] Termo de Justificação. Códice 142, auto 2899, 2.º Ofício. Arquivo da Casa Setecentista de Mariana, 1810. O fato de o capitão-mor ter sido contratador o identifica às personagens típicas do *Antigo Regime*, uma vez que "A máquina arrecadadora metropolitana era uma via de mão dupla, fazendo reverter às camadas favorecidas parte substancial da arrecadação. Isso se fazia por meio dos *contratos*, em que a arrecadação era alienada a particulares, mas também nos cargos assim chamados «públicos»: impostos *administrados* e exercício da justiça, entre outros. Na concepção que esse termo adquiria no Antigo Regime, sendo o cargo um privilégio, a remuneração dos funcionários provém da renda gerada em seu próprio exercício. Desse modo, supõe-se

dade das Mercês, em Mariana, em torno de uma dívida de trinta e sete oitavas e um quarto de ouro.

Os mesários da dita irmandade alegavam que o crédito que Esteves Lima reivindicava fora forjado por um seu comparsa, crioulo, membro da arquiconfraria acusado por diversos crimes o que se confirmava pelo fato de encontrar-se evadido do Presídio de São João Batista, para onde fora remetido para cumprir pena de degredo por quinze anos. Falsas ou verdadeiras as alegações dos mesários, o fato é que o alferes já demonstrava capacidade de sustentar, em 1808, que era credor de uma quantia nada desprezível para a época, ao mesmo tempo que demonstrava manter relações com pessoas de estratos sociais inferiores a julgar pela "qualidade" dos que lhe servem de testemunha na ação cível, a maioria crioulos forros, todos, certamente, vinculados à referida Irmandade das Mercês.[69]

Esteves Lima, agora capitão-mor, aparece novamente na documentação pesquisada, em 1828, quando é nomeado para o cargo de vereador na câmara daquela cidade em substituição a José Cristiano Carneiro que pediu para se retirar do cargo.[70]

Antes de ser apontado como a principal liderança dos distúrbios em Santa Rita do Turvo, a 17 de agosto de 1830 o capitão-mor Manuel José Esteves Lima é objeto de uma representação do juiz de paz da Paróquia de Arrepiados, José Antônio Tinoco, na qual se alega que o militar, além de não ser morador do distrito, havia desferido umas pancadas contra o suplicante.[71] As queixas do juiz de paz ganham alguma credibilidade uma vez que a autoridade distrital, juntamente com seu suplente, serão um dos principais alvos dos rebeldes de 1831:

"E que passando pela estrada junto à casa de Francisco Rodrigues de Oliveira em companhia dele, juiz de paz, no dia vinte e três deste, ouvira a Manuel de Jesus, Francisco Rodrigues de Oliveira e

---

que a posse de um cargo seja ela própria objeto de taxação — *terças partes de ofícios*, como de *tenças, ordens militares, patentes*, etc. Pelo mesmo motivo, no caso dos rendimentos *contratados*, os beneficiários deviam pagar 1% de seu rendimento — o 1% dos contratos destinados às obras pias". Wilma Peres Costa. Do domínio à Nação: os impasses da fiscalidade no processo de independência. In: István Jancsó. *Brasil: formação do Estado e da Nação*. São Paulo-Ijuí: Hucitec-Fapesp-Ed. Unijuí, 2003, pp. 151-2.

[69] Libelo cível. Códice 441, auto 9583, 1.º Ofício. Arquivo da Casa Setecentista de Mariana, 1808.
[70] José Guilherme Ribeiro (organizador). *Inventário dos Códices de Miscelânea*. Códice 673. Arquivo Histórico da Câmara Municipal de Mariana.
[71] Registro de ofícios do governo e autoridades da província. Seção Provincial, Códice 74, fl. 93v. APM, 17 de agosto de 1830.

Manuel Machado gritar em altas vozes que mataria ao juiz de paz deste distrito e o reverendo capelão cura deste lugar, ou juiz de paz suplente, Manuel Silva Ferreira, ao Sargento José Maria de Santa Ana o qual pelos altos dos morros".[72]

E, ao que parece, o capitão disputava com o juiz de paz a condição de autoridade local:

"... é constante jactarem-se os mesmos [sediciosos], que se acham apoiados e insinuados, do que hão de mostrar pelo Capitão-Mor Manuel José Esteves Lima cuja casa, pouco antes e logo depois destas desordens tem sido freqüentada por Francisco Xavier, um dos principais cabeças destes sediciosos, dizendo que não obedece senão a este — fl. 6v capitão-mor como único superior, pois que as autoridades constituídas de juízes de paz nada eram."[73]

Mas nada mais elucidativo das pendências entre o capitão-mor e a autoridade distrital do que a petição apresentada por Manuel José Esteves Lima, a 13 de fevereiro de 1832, por intermédio do Dr. José Lopes Silva Viana, juiz de fora e órfãos, ao ouvidor interino da comarca, na qual responsabilizava o próprio juiz de paz pelos distúrbios ocorridos em Santa Rita do Turvo:

"Diz o Capitão-Mor Manuel José Esteves Lima que, dos acontecimentos em Santa Rita do Turvo a que se procedeu a Devassa, pode acontecer que testemunhas seduzidas e insinuadas por inimigos do suplicante o queiram macular na sua honra e reputação, devendo-se atender que a origem daquela desordem foi causada pelo juiz de paz suplente daquele mesmo distrito, com mais três parentes seus, todos membros do conselho de qualificação que publicaram e fizeram ver em altas vozes que tinham ceroulas e carapuças para os homens pardos daquele distrito, e foi esse o motivo de se inflamarem os mesmos e darem princípio à desordem."[74]

As desavenças já vinham de algum tempo e ter-se-iam originado, a se crer nos argumentos de Esteves Lima, nas prerrogativas do exercício do cargo de capitão-mor:

---
[72] Processo-crime, fl. 5v.
[73] Ibidem, fl. 16.
[74] Ibidem, fl. 59.

"E vendo aquele juiz de paz suplente e seus companheiros o que passava a resultar daquelas vozes desorganizadoras, se lembrou da inimizade antiga que tinha com o suplicante, por causa de o não fazer comandante das ordenanças daquele mesmo distrito de Santa Rita e passa a apregoar o suplicante por cabeça da desordem, quando em direito aquele que é causa da causa, é causa do causado, sendo que as razões de inimizade daquele juiz de paz suplente acham-se exaradas no livro da câmara de Mariana e na secretaria do governo desta província."[75]

A questão se estende pelos anos seguintes e a três de abril de 1833, sob o governo de Manuel Soares do Couto, aclamado vice-presidente pelos sediciosos em Ouro Preto, a Câmara de Mariana, reunida em sessão extraordinária, examina o pedido de nomeação do juiz de paz de Santana do Deserto. O pedido é indeferido, visto que o juiz eleito se encontrava impedido de ocupar o cargo "por se achar pronunciado em querela contra ele dada pelo Capitão-Mor Manuel José Esteves Lima".[76]

Outros fatos reforçam a idéia de que questões relacionadas às eleições e provimento do cargo de juízes de paz parecem ter contribuído para que pessoas mais graduadas se dispusessem a liderar mobilizações populares com o objetivo de preservarem interesses locais. Em sua mensagem à Assembléia Provincial, em 1835, o então presidente da província Antônio Paulino Limpo de Abreu observou que: "A divisão judiciária [...] tem excitado algumas reclamações da parte dos povos; mas estas quase desaparecem na presença de outras mais fortes, que produziu a divisão eclesiástica, a que se procedeu em virtude das Resoluções de 8 de novembro de 1831".[77]

Não parece coincidência, ainda que não se possa ser taxativo a este respeito, que os protestos contra a divisão das paróquias, estabelecidas a 8 de novembro de 1831, tenham relação com os distúrbios observados em Santa Rita do Turvo, apenas decorridos dez dias de sua vigência. Reforça a constatação o fato de que uma das medidas tomadas pelo Governo de Ouro Preto, já em 1833, portanto, foi a de novamente incorporar o curato de Santa Rita do Turvo ao termo de Mariana: "Leu-se um ofício do Excelentíssimo Vice-Presidente da Província na data de trinta de março próximo passado, participando que se deliberara em Conselho ficar pertencendo ao termo desta cidade o curato de Santa Rita do Turvo, e inteirada a Câmara resolveu que se expedisse Edital

---
[75] Ibidem, fl. 59.
[76] Revista do Arquivo Público Mineiro, vol. 7, p. 136, 1902.
[77] Ibidem, p. 104.

para o seu devido conhecimento".[78] Iniciativa que, logo após a derrubada do governo rebelde, foi objeto de manifestação da Câmara da Vila do Pomba, a 3 de maio de 1833:

> "Aproveitando-me desta ocasião para levar ao conhecimento de V.S.ª que no dia 2 do corrente aparecia neste Arraial um edital da Câmara de Mariana pela resolução do Conselho do Governo intruso de Ouro Preto sob a vil providência de Manuel Soares do Couto em que declarava estar desanexado este Curato do Município da Pomba, e unido ao de Mariana, cujo edital não me pareceu justo ser publicado por isso o fiz reenviar sem resposta, por ser o sentimento dos povos deste distrito bem contrários a semelhante resolução por jamais quererem e nem deverem pertencer a Mariana e sim a essa Vila da Pomba aonde estamos de posse, e nos oferece maiores vantagens...".[79]

Voltaremos ao tema dos conflitos gerados pela eleição e atuação dos juízes de paz na próxima seção, ao abordarmos a "Sedição de Ouro Preto", quando reencontraremos o capitão-mor, agora acusado de mobilizar a população em apoio ao Governo que a 22 de março depusera o então Presidente Melo e Sousa, nomeado pela Regência e seu vice, o deputado mais votado para a Assembléia Provincial, Bernardo Pereira de Vasconcelos. Referido pelas forças da legalidade como "O monstro", Esteves Lima é apontado como uma das principais lideranças entre os restauradores do termo de Mariana.

Por ora, gostaríamos de considerar que, se questões de caráter institucional poderiam explicar a participação de líderes com poder econômico no movimento de 1831-1833, os relacionadas à precariedade de abastecimento e aumento de tributos podem ter contribuído, assim como os fatores de ordem étnica apresentados acima, para que a mobilização entre os setores populares fosse mais efetiva.

Os problemas de abastecimento eram crônicos desde períodos mais remotos. Porém, a instabilidade causada pela mudança do regime político e, fator correlato, a possibilidade concreta de imposição de novos tributos, ajudam a explicar o fato de as idéias restauradores apresentarem alcance popular. Nesse ponto, vale lembrar que tais mobilizações não se limitaram à comarca de Ouro Preto, mas se estenderam a outras comarcas, como a de Sabará e até mesmo à sede do Governo legal, a comarca do Rio das Mortes,[80] o que sugere um vulto maior assumido

---

[78] *Revista do Arquivo Público Mineiro*, vol. 7, p. 135, 1902.
[79] Ibidem, pp.167-8.
[80] Ibidem, pp. 87-268.

pelas Rebeliões de 1831-1833, o que somente vem sendo reconhecido pela historiografia mais recente.

Ainda no que diz respeito ao abastecimento de víveres, na conjuntura específica do início da década de 1830, há a notícia de que a província padeceu com uma "excessiva seca [. . .] que trouxe como conseqüência a horrível fome, que devastou principalmente a Câmara do Serro, e cujos efeitos também se sentiram na Ouro Preto".[81] O efeito mais curioso, em termos econômicos, dos rigores do clima naquele ano de 1833, foi a inversão do fluxo do comércio de abastecimento entre Minas e o Rio de Janeiro uma vez que os fluminenses, por meio de uma subscrição voluntária, fizeram "importantes remessas de gêneros para aquela comarca do Serro".[82]

O péssimo estado das estradas agravava o problema do abastecimento.[83] Nesse aspecto, não deixa de ser curioso que uma das medidas tomadas, em 1831, para mitigar o problema acabe por jogar água no moinho da sedição. Mediante a Resolução 12 de agosto daquele ano, o Governo Provincial contratou dois engenheiros para "levantarem plantas de todas as estradas e rios navegáveis, e proporem, e facilitarem os meios de seus melhoramentos".[84] O que não estava nos planos das autoridades, ao implementarem a Resolução, era que os ditos engenheiros seriam favoráveis à causa caramuruana:

> "O ensaio desta medida foi o mais funesto à tranqüilidade da província: os dois oficiais nomeados só se distinguiram pela sua incapacidade, não tendo prestado serviço algum, e deixaram após de si um nome geralmente abominado, tendo dado impulso e direção à sedição de 22 de março, que submergiu a província nos males, de que ainda se ressente."[85]

Se a participação dos engenheiros parece inequívoca, menos óbvia é sua condição de liderança do movimento. A se crer no depoimento de

---

[81] Ibidem, p. 96.
[82] Ibidem.
[83] As queixas contra a precariedade das estradas são recorrentes na documentação do período. As más condições dos caminhos era uma das preocupações da Secretaria de Governo por ocasião da segunda viagem do imperador a Minas, sendo recomendado às câmaras, em ofício datado de 13 de dezembro de 1830 "... a pronta adoção das diligências mais oficiais para se preencher [. . .] o decoroso recebimento de SS. MM. II. especializando imediato reparo das estradas que se refere acharem-se em péssimo estado". Registro de ofícios do governo e autoridades da província. Seção Provincial, códice 74, fl. 143.
[84] *Revista do Arquivo Público Mineiro*, vol. 7, p. 99, 1902.
[85] Ibidem, p. 100.

lideranças coevas, os oficiais não passavam de "Satélites do Esteves para o irem defender na mata, de ser preso [. . .] visto que os daqui [de Santa Rita do Turvo] quase todos são humildes servos do tal [Capitão-Mor] Esteves".[86]

Esperamos ter demonstrado que os motins que tiveram início em Santa Rita do Turvo, em 1831, contaram com forte participação popular, entre escravos, forros e homens livres pobres sob a liderança, nem sempre efetiva — o que significa não-subordinação — de proprietários de terra e cativos, com vinculação nos antigos corpos de milícias e no Exército. Homens de "Antigo Regime", com forte ligação com os poderes locais e fidelidade ao regime monárquico, não estando descartadas suas pretensões restauradoras.

Que a Sedição de Ouro Preto, em 1833, é um desdobramento daqueles episódios não deixam dúvidas apenas a permanência de algumas lideranças comuns, mas também a natureza das disputas em torno do poder local e a identificação com um ideário conservador. A grande presença da tropa na "Revolta do Ano da Fumaça", talvez explique o arrefecimento da mobilização das camadas despossuídas, apesar de a documentação não deixar de referir que se tratava de um movimento de "povo e tropa". Possivelmente, a plebe, para adotar uma expressão utilizada por Marilena Chaui, tenha sido vítima de sua própria ação, em um contexto em que a "correlação de forças" se apresentou mais favorável às elites, tanto liberais, quanto conservadoras. Vítimas de sua própria ação, talvez pela disposição de luta demonstrada já nos distúrbios de Santa Rita do Turvo e que se potencializam na Rebelião de Carrancas, comarca do Rio das Mortes que, seguramente, apontou aos setores dominantes a ameaça contida na mobilização principalmente de escravos em um "país de negros".

## A "Sedição do Ano da Fumaça"

Se os conflitos étnicos, a intensa mobilização das "classes heterogêneas", nelas incluídos os escravos, forros e pardos, marcaram as rebeliões no termo de Mariana e, como se verá mais adiante, a revolta de escravos na Comarca do Rio das Mortes, a participação popular teria sido menos expressiva nos episódios ocorridos em 1833 e que culminaram, no dia 22 de março, com a tomada do poder pelos rebelados.

Um dos elementos de continuidade, ainda que sujeito a controvérsias entre os intérpretes dos movimentos, seria a natureza restauradora

---

[86] *Revista do Arquivo Público Mineiro*, vol. 7, p. 201, 1902.

das idéias que moviam os sediciosos desde as manifestações em Santa Rita do Turvo em 18 de dezembro de 1831. *Corcundas* seriam dois dos principais elos entre os movimentos, o Coronel João Luciano de Sousa Guerra e o Capitão-Mor Manuel José Esteves Lima.

Apesar da menor expressão em termos sociais, o fato de os sediciosos terem tomado o poder atraiu a atenção da historiografia que, à exceção dos trabalhos mais atuais, tende a circunscrever o movimento a uma mobilização de tropas ocorrida no ano de 1833. Ainda assim, nem mesmo seus opositores, no calor dos acontecimentos, foram tão peremptórios quanto, por exemplo, José Murilo de Carvalho que ao elaborar um quadro sobre as principais revoltas ocorridas entre 1831-1848, se limitou a preencher o espaço reservado aos "principais participantes" do que chamou a Sedição de Ouro Preto, com o termo *tropa*.[87]

Até mesmo os partidários da Regência, ao caracterizarem o movimento que levou à instauração do que denominavam "Governo intruso", reconheceram-lhe alguma participação popular: "Uma sedição militar, com o mais baixo povo, proclamou a deposição do presidente da província e a expulsão de alguns conselheiros do Governo, fazendo recair a presidência em um suplente", ainda que não explicitem o que entendiam pela expressão *o mais baixo povo*.[88]

Ainda que não exclua de todo a participação dos setores populares, chamando a atenção para a inserção do movimento no contexto instável do período regencial, é a participação decisiva de lideranças militares que definiria o movimento de acordo com Francisco Iglésias nas breves, porém instigantes, considerações que dedica ao tema no capítulo "Minas Gerais", que compõe o segundo volume dedicado ao Brasil Monárquico no *História Geral da Civilização Brasileira*.[89]

O autor começa por afirmar que após o 7 de Abril, ". . . interesses momentâneos levam a coligações que nem sempre têm solidez, pela falta de identidade entre os componentes".[90] Não se refere, contudo, às manifestações populares ocorridas na província de Minas Gerais desde então, e que teriam colocado lado a lado proprietários de escravos, militares, homens livres pobres, escravos e libertos, mas ao movimento de 1833, confirmando o caráter insólito das alianças que então se formavam.

---

[87] José Murilo de Carvalho. *O teatro de sombras: a política imperial*. Rio de Janeiro: UFRJ-Relume Dumará, 1996, p. 231.
[88] *Revista do Arquivo Público Mineiro*, vol. 7, p. 164, 1902.
[89] In: Sérgio Buarque de Holanda (direção geral). O Brasil Monárquico: dispersão e unidade. *História geral da civilização brasileira*. Rio de Janeiro-São Paulo: Difel, t. 2, vol. 2, 1978, pp. 364-412.
[90] Francisco Iglésias. Minas Gerais. In: *História geral*. . ., cit., p. 400.

Segundo o autor, na província mineira, a instabilidade do período regencial ter-se-ia manifestado em uma sedição sem consistência, fruto dos embates entre exaltados, restauradores e moderados cuja reconstituição poderia resumir-se ao que se segue.

Na noite do dia 22 para 23 de março, aproveitando a ausência do presidente da província, Manuel Inácio de Melo e Sousa, que se dirigira para Mariana e que não passara a administração ao vice-presidente Bernardo Pereira de Vasconcelos, "membro mais votado do Conselho do Governo da Província",[91] os revoltosos libertam os prisioneiros militares "vítimas políticas da situação que passam a fortalecer o grupo, contando ainda, em parte com apoio popular".[92] Muito provavelmente, entre os presos militares encontravam-se alguns dos que participaram dos sucessos de 1831. A figura central contra a qual se insurgiam era a de Bernardo Pereira de Vasconcelos, com enorme projeção dentro da província e na Corte a quem acusavam de perseguir os restauradores, sobretudo militares e de substituir antigos servidores por amigos e correligionários.

Sempre de acordo com Iglésias, ainda que se pudesse imputar às principais lideranças do movimento a pecha de restauradores, não era pelo retorno de Pedro I que se batiam, mas sim contra a condição de perseguidos a que se diziam submetidos pelo vice-presidente da província, a quem acusavam de partidário do regime republicano, e pela aversão que demonstravam ao conselheiro do governo, o Padre José Bento Leite Ferreira de Melo. Os insurgentes declaravam seu "apoio ao governo central e ao sucessor de D. Pedro I, seu filho ainda menor, «amado e inocente Imperador»".[93] O malogro do golpe intentando por Feijó, em 1832, teria reforçado o ânimo dos revoltosos que aclamam vice-presidente a Manuel Soares do Couto, que ". . . logo passa a agir como autoridade, substituindo comandos militares, reorganizando a tropa e suspendendo jornais".[94] Soares do Couto era comandante das Guardas Nacionais e membro suplente do Conselho de Governo, votado em décimo oitavo lugar.[95] Outros motivos, reputados pelo autor como secundários, seriam a resistência à proibição ao enterramento nas igrejas e o aumento dos tributos sobre a aguardente.

Bernardo Pereira de Vasconcelos retira-se, então, para Queluz, dirigindo-se, em seguida, à comarca do Rio das Mortes, em cuja sede,

---
[91] Francisco Iglésias. Minas Gerais. In: *História geral. . .*, cit., p. 401.
[92] Ibidem.
[93] Ibidem.
[94] Ibidem.
[95] Francisco Eduardo Andrade, p. 130 e *RAPM*, p. 97.

atendendo ao ofício da própria Câmara de São João del-Rei, instala o governo legal. Sobre a adesão das câmaras, observa Iglésias: "Só as [...] de Ouro Preto, Mariana e Caeté não deram apoio imediato ao governo de São João del-Rei, a primeira pressionada pelo governo rebelde, as outras por equívoco".[96]

Os rebeldes controlaram a capital Ouro Preto até 23 de maio, quando entregaram o poder diante da incapacidade de opor combate aos seis mil guardas nacionais mobilizados para a repressão ao "Governo intruso". Já no dia 26, Melo e Sousa retornava à presidência da província.

O autor conclui afirmando que a repressão desencadeada contra os rebeldes teria sido obra de Bernardo Pereira de Vasconcelos em disputa com lideranças conservadoras, com destaque para Honório Hermeto Carneiro Leão, acusado de conivência com os revoltosos. Além de primo e cunhado de Manuel Soares do Couto, o futuro Marquês de Paraná teria tido participação decisiva na desarticulação do golpe projetado pelos padres Diogo Antônio Feijó, José Bento Leite Ferreira de Melo e José Martiniano de Alencar, por Bernardo Pereira de Vasconcelos e Evaristo da Veiga, dentre outros, reunidos na *Chácara da Floresta*, ao questionar o parecer, na sessão de 30 de julho de 1832, que transformaria a Câmara em Assembléia Constituinte.[97]

Tomando como ponto de partida as considerações de Francisco Iglésias, apresentadas de forma sumária logo acima, procuraremos, com base em fontes documentais, sobretudo as impressas, reunidas no volume 7 da *Revista do Arquivo Público Mineiro*, do ano de 1902,[98] abordar alguns assuntos relacionados à Sedição, que nos parecem relevantes.

Não se trata de discordância em relação ao papel que o autor atribui às camadas subalternas, questão de resto já explicitada quando da constatação de que não se observara, especificamente em Ouro Preto, a mesma participação dos setores populares que se teria verificado no termo de Mariana e na comarca do Rio das Mortes, mais particularmente na freguesia de Carrancas, curato de São Tomé das Letras. Porém, se se concorda que o movimento não se limitou à tomada de poder pelos sediciosos a 22 de março, tendo suas raízes no ano de 1831,

---

[96] Francisco Iglésias. Op. cit., p. 402. Francisco Eduardo Andrade em artigo citado demonstra que, pelo menos, no que concerne à Câmara Municipal de Mariana o que se observou foi o apoio ativo ao Governo Sedicioso.
[97] A tentativa de golpe contra a resistência do Senado às reformas descentralizadoras ficou conhecida como o "Golpe dos Três Padres". José Murilo de Carvalho. *A construção da ordem: a elite política imperial*. Rio de Janeiro: UFRJ-Relume Dumará, 1996, p. 170.
[98] Várias dessas fontes, sem dúvida, foram utilizadas pelo historiador mineiro.

e que seus desdobramentos não se limitaram a Ouro Preto, no cômputo geral as forças em jogo não podem ser delimitadas à tropa. Por outro lado, como se pretende demonstrar no próximo capítulo, ainda que muitas das lideranças de Ouro Preto possuíssem patentes — em um contexto, de resto, bastante intricado no que diz respeito à organização militar, em virtude da extinção das milícias e da constituição da Guarda Nacional, conforme já referido — nem sempre sua atuação se informaria, exclusivamente ou prioritariamente, por sua patente. Além dos fatores identitários que poderiam interferir nas escolhas políticas desses agentes, como o fato de serem homens típicos do *Antigo Regime* — alguns, no mínimo, por sua origem portuguesa — o que se insinua, por exemplo, no fato de continuarem privilegiando, como *locus* de atuação política, as câmaras municipais, os próceres da Sedição de Ouro Preto estavam ligados a um conjunto de atividades produtivas em nada diverso daquele a que pareciam dedicar-se os representantes dos setores liberais na província de Minas Gerais, conforme se vem revelando a partir dos trabalhos sobre a economia mineira do Oitocentos.

Se a observação talvez não possa ser generalizada para todos os implicados, pela presença de um grande proprietário de escravos que parece ter na mineração sua principal atividade econômica — ainda que reste por demonstrar que a dedicação à extração mineral, por si só, fosse suficiente para identificar um proprietário como tendo vínculos com a ordem econômica colonial — o fato é que vários desses "militares" aparecem realizando seus negócios, cultivando extensões de terra, comprando e vendendo escravos. Além disso, muitos dos registros coevos só servem para dificultar qualquer definição sobre o assunto: as mesmas autoridades de São João del-Rei" que qualificaram o movimento que levou à instalação do "Governo intruso" de "Uma sedição militar, com o mais baixo povo", como se viu acima, talvez com a intenção de que o governo legal permanecesse na comarca do Rio das Mortes acaba mudando sua avaliação sobre os sediciosos ao afirmar que ". . . pois que sendo uma verdade real que na sedição estão comprometidos os chefes das principais famílias daquela cidade. . .".[99] Mas voltemos às considerações sobre a Revolta de Ouro Preto de 1833.

Ainda que debelada em um prazo curto, a sedição considerada exemplo de movimento sem consistência por Francisco Iglésias, teria "abalado profundamente toda a província". Pelo menos é essa a constatação que faz o Presidente Antônio Paulino Limpo de Abreu, em seu *Relatório* apresentado durante a instalação da primeira Assembléia Legislativa

---

[99] *RAPM*, p. 192.

de Minas Gerais, em fevereiro de 1835.[100] Limpo de Abreu declarava-se tranqüilo em relação à possibilidade de novas tentativas de revolta, não apenas porque há cerca de dois meses as autoridades haviam frustrado o plano de fuga dos sediciosos que se encontravam presos na cadeia de Ouro Preto, "desviando assim os seus autores do novo precipício que cavaram sob seus pés",[101] mas, sobretudo porque já havia chegado ao Brasil a notícia do falecimento do Duque de Bragança, ocorrido no dia 24 de setembro de 1834, no Palácio de Queluz, em Lisboa.[102] Àquela altura, o movimento era referido, pelo mesmo presidente, como "a calamitosa sedição de 29 de maio de 1833",[103] prenúncio de construção de uma memória sobre os acontecimentos que privilegiava a perspectiva legalista uma vez que o Presidente Inácio de Melo e Sousa já havia reassumido o poder da capital, Ouro Preto, desde o dia 26 de maio e não se adotava como referência a data em que os sediciosos tomaram o poder, ou seja, 22 de março de 1833.

Descontado um certo exagero na afirmação do então presidente da província de que a Sedição "abalou toda a província", o fato é que ela se estendeu a outras comarcas além da de Ouro Preto.

As perturbações na vila de Caeté, comarca de Sabará, recrudescem já no início do mesmo mês de março de 1833. A *Proclamação* exarada pelo juiz de paz daquela vila, a três de março de 1833, concitando os cidadãos a se baterem pela legalidade certamente tinha como alvo a veemente oposição à tentativa de golpe liderada por Feijó, ou a *contra revolução* que ameaçava, na visão expressa por aquela autoridade, destruir a propriedade, a vida, em suma, toda a ordem social.[104] A situação era mais séria uma vez que, ainda segundo o juiz de paz, a grave crise

---

[100] Ouro Preto, 1.º de fevereiro de 1835. Antônio Paulino Limpo de Abreu. *Revista do Arquivo Público Mineiro*, vol. 7, 1902.
[101] Ibidem, p. 89.
[102] A notícia da morte do Duque de Bragança chega no Rio de Janeiro a 24 de novembro de 1834. O Senador Nicolau Pereira de Campos Vergueiro avalia, da seguinte forma, o impacto da morte de D. Pedro I sobre o quadro "partidário" da Regência: "Todos sabem que pela morte do Duque de Bragança ficaram dissolvidos todos os partidos regidos por diversas opiniões políticas. O partido do Poder dissolveu-se em 31, o partido Exaltado creio que em 32, o Restaurador logo que faleceu o seu objeto, e ao mesmo tempo o Moderado, porque não lhe restava a quem combater. O campo da política foi ocupado por guerrilhas formadas por aderências pessoais, e ficamos pior do que com os partidos, porque estes tinham em seu fundo sentimentos nobres, pois eram regidos por uma opinião pública". *Anais do Senado*, sessão do dia 24 de maio de 1839. Apud: Jean-Philippe Challandes. *A pátria dos vencidos: o crepúsculo de um projeto de nação, Brasil (1830-1842)*. Doutorado. Brasília: UnB, 2002, p. 48.
[103] Ibidem.
[104] *RAPM*, p. 113.

econômica que se abatia sobre a província exaltava os ânimos, alimentando os projetos dos sediciosos:

> "Brasileiros! Nós já principiamos a gemer com o flagelo de todas as precisões; a falta de numerário tem paralisado o nosso comércio: a tibieza da Instrução pública tem aniquilado a nossa indústria e a Agricultura acha-se inteiramente no abandono e por isso a penúria dos víveres constantemente nos ameaça com a mais terrível fome."[105]

Como afirma Iglesias, os fatos que culminaram com a "Constituição de Pouso Alegre", teriam realimentado os projetos dos partidários da restauração, ainda que sejam relativamente imprecisas as definições políticas das facções em disputa. O certo é que um ofício do mesmo juiz de paz de Caeté, expedido apenas quatro dias após a *Proclamação* dava conta de que a vila se achava perturbada por "uma facção sediciosa que em grupos pelas ruas soltam vozes contra a regência e contra o sistema do nosso atual governo"[106] e manifestava a premência de que os Guardas Nacionais se mantivessem mobilizados contra "a faísca da anarquia".

Que a ameaça à ordem provinha de um grupo de caramurus não parecia restar dúvidas aos juízes de paz da comarca de Sabará e ao comandante da Guarda Nacional da mesma comarca: "O sossego público dessa vila se acha perturbado com uma maldita facção intitulada Caramurus, formando grupos e sedições e soltando vozes contra o atual governo".[107] Partido desorganizador, anarquistas inimigos da ordem, malvada Família Caramuru são essas algumas das designações com as quais as autoridades constituídas se referiam aos grupos que tinham "deixado o trilho da civilização, da prudência e da moderação".[108] A versão oficial sobre a sedição, portanto, não deixava dúvida sobre o seu

---

[105] *RAPM*, p. 113. Os problemas de abastecimento nas áreas centrais da província se mostraram ainda mais funestos com a desorganização do comércio de víveres, desde a instalação do governo de Soares do Couto. A situação, grave em uma região que se notabilizava pela produção de gêneros para o abastecimento interno e externo à província, levou a câmara de Mariana a determinar que: "Tendo em consideração as terras em que se acham os proprietários de cultura tímidos de mandarem as suas tropas desta cidade suscetível a grande falta de gêneros da primeira necessidade como é constante por isso me vejo obrigado a indicar que passem editais para os lugares notáveis do município e que se afiança a tranqüilidade de todos os que vierem à mesma com seus gêneros de vendagem". *RAPM*, p. 135. Aliás, uma das estratégias adotadas pelos partidários do governo legal foi exatamente sitiar a capital Ouro Preto cortando-lhe o abastecimento de gêneros de subsistência.
[106] *RAPM*, p. 112.
[107] *RAPM*, p. 115.
[108] *RAPM*, p. 116.

caráter restaurador. Ao contrário, ela teria revelado "... o vasto plano que existia concertado para entregar a Constituição, o Trono do Senhor Dom Pedro Segundo e a liberdade e a honra Nacional à mercê do Príncipe estrangeiro, que abdicara no dia 7 de abril".[109]

Na comarca de Sabará, a liderança dos movimentos sediciosos que convergiam com a ação da tomada da capital a 22 de março de 1833 coube a um grande proprietário escravista, que agia juntamente com seus irmãos, o Coronel do Exército José de Sá Bitencourt do qual nos ocuparemos quando da reconstituição do perfil socioeconômico dos sediciosos.[110] Na verdade, naquela Comarca as agitações não se limitaram à vila de Caeté, mas se observaram também na de Pitangui, sendo líder o Vigário Belchior Pinheiro Coluna "... forte do Séquito de Caramurus que se vai incorporando contra a causa pública desde o ano de 91 [sic]".[111]

À semelhança do que ocorrera em Santa Rita do Turvo em 1831, conforme foi relatado anteriormente, fatores da política municipal concorreram para que os ânimos se exaltassem na vila de Caeté uma vez que os fatos mais expressivos — como os gritos de vivas e morras que se ouviam durante a noite, pronunciados desde o quartel da própria Guarda Nacional — se deram por ocasião da eleição dos juízes de paz, sem dúvida um dos fatores políticos dos mais desestabilizadores durante o período regencial, pelo menos em nível local.[112]

---

[109] Ibidem. Os vereadores da Câmara Municipal da Vila da Pomba também não tinham dúvidas da existência de um partido restaurador: "É indubitável que no Brasil existe um partido que sem rebuço promove a restauração, manejando com astúcia a poderosa arma da intriga para dividir-nos". *RAPM*, p. 243.
Outra não era a convicção dos membros da junta da administração diamantina que, depois de se mostrarem extasiados "... de prazer pelo triunfo da Legalidade e pela feliz reintegração de V.Ex.ª na Presidência dessa Província" caracteriza os sediciosos como "um punhado de subalternos imorais, que de acordo com os salteadores de todo o Império pretendem a restauração do Duque de Bragança no Trono Brasileiro...". *RAPM*, p. 197.
[110] Talvez dêem mostras da amplitude que o movimento tomou naquela região, ainda que não possamos afirmar categoricamente, a retaliação sofrida contra Caeté que perde sua condição de Vila: "Existente desde 1714, a Vila foi extinta em 21 de maio de 1833 e transformada em Distrito de Sabará por decreto do Presidente Manuel Inácio de Melo e Sousa. Sete anos depois, a Lei Provincial n.º 171, de 21 de março de 1840, restabeleceu seu status de Vila". Maria do Carmo Salazar Martins. Fontes para o estudo da Província de Minas Gerais. In: Tarcísio Rodrigues Botelho et al. *História quantitativa e serial no Brasil: um balanço*. Goiânia: Anpuh-MG, 2001, pp. 196-7.
[111] *RAPM*, p. 209.
[112] Na documentação consultada, multiplicam-se os conflitos em torno das eleições de juízes de paz. Assim, em finais de 1830, um ofício enviado pelo presidente da província à Câmara Municipal da vila de Paracatu reproduzia as queixas dos opositores do juiz de paz então eleito "... onde resultou ser eleito juiz de paz o Capitão

No calor das disputas, não era incomum uma das partes imputar à outra a pecha de restaurador, como se observou também na comarca do Rio das Mortes — e que atesta a abrangência dos movimentos ocorridos na tensa conjuntura que se estende de 1831-1833, como se vem afirmando. Maria Tereza Pereira Cardoso reconstitui os conflitos entre autoridades observados naquela comarca, no ano de 1832, quando um dos candidatos a juiz de paz, o Tenente Caetano Alves Magalhães, que se dizia o mais votado, ao arregimentar um grupo armado para garantir sua nomeação foi alvo de uma devassa, instituída pelo juiz de fora, com o objetivo declarado de se evitar uma sedição e conclui:

"O conflito de jurisdição entre os juízes de paz de São João del-Rei traz algumas pistas sobre as tensões políticas que ocorriam na vila. Os fatos sucederam em agosto de 1832, período em que os ânimos ainda estavam abalados pela abdicação de Pedro I e em que os caramurus buscavam se organizar. [...] o conflito local estava imerso em questões políticas mais amplas. [...] Lembremos que esses conflitos ocorreram na antevéspera da Sedição de Ouro Preto (1833), quando eclodiu o embate entre caramurus e liberais".[113]

Neste contexto, compreende-se o engano cometido pelo secretário da Junta Paroquial de Caeté ao registrar os acontecimentos quando das eleições daquela autoridade distrital, a 6 de março de 1833 referindo-se ao então juiz como "Senhor Juiz de Guerra digo Juiz de Paz".[114]

Da mesma forma como se vem buscando demonstrar que as mobilizações que culminaram com a tomada do poder pelos rebeldes remon-

---

Francisco Antônio de Morais, homem indigno desse emprego, por inimigo da Constituição e República". Registro de Ofícios do Governo e autoridades da Província. Seção Provincial, códice 74, fls. 14v e 15, APM. O pleito não teria sido menos tumultuado na paróquia de Arrepiados, em fins de 1830, suscitando o pedido do Conselho de Governo da intervenção da Câmara Municipal de Mariana e a respectiva abertura de Devassa. Ibidem, fl. 106, APM. As primeiras eleições para juiz de paz em Minas Gerais ocorreram em 1829. Acerca do tema específico dos juízes de paz, consultar Thomas Flory. *El juez de paz e el jurado en el Brasil Imperial, 1808-1871*. México: Fondo de Cultura Económica, 1986. A eleição para o oficialato da Guarda Nacional, na província mineira, também era uma fonte de disputas, porém menos acirrada do que as eleições para juiz de paz na conjuntura entre 1831 e 1840. Sobre o tema, especificamente para a província de Minas Gerais, ver: Flávio Henrique Dias Saldanha. *Os oficiais do povo: a Guarda Nacional em Minas Gerais oitocentista, 1831-1850*. Mestrado. Franca: Unesp, 2004.

[113] *Lei branca e justiça negra: crimes de escravos na comarca do Rio das Mortes (Vilas Del-Rei, 1814-1852)*. Doutorado. Campinas: Unicamp, 2002.
[114] *RAPM*, p. 128.

tavam ao ano de 1831, ou à conjuntura específica que marca a instabilidade do Período Regencial — o que não significa dizer que a composição social do movimento não se tenha alterado ao longo do tempo, concentrando-se a participação popular nos momentos iniciais, como demonstram os motins de Santa Rita do Turvo, alcançando o seu auge com a rebelião de Carrancas e apresentando nítido recuo quando da tomada do poder da capital Ouro Preto, a 22 de março de 1833, quando irão predominar as lideranças militares, aspecto que será analisado de forma mais detida no próximo capítulo — e aos desdobramentos da existência de projetos divergentes de Constituição do Estado e da Nação brasileiros, também em termos espaciais o movimento não se circunscreveu à comarca de Ouro Preto.

## Rebelião escrava na comarca do Rio das Mortes

Um espectro rondava a capitania de Minas Gerais nos anos iniciais da Regência: o espectro do haitianismo. Essa verdadeira "Internacional Negra", no entender de João José Reis, parece ter sido uma das representações mais persistentes em toda a América escravista do potencial de rebeldia escrava: "O «haitianismo» constituía um desses pesadelos senhoriais que retornavam a cada rumor de revolta, não só na Bahia, mas em todo o Brasil — na verdade, em toda a América escravocrata",[115] mesmo que sua localização geográfica pudesse "variar", não sendo incomum proprietários e autoridades situarem a antiga colônia francesa em Cuba...[116] E não se trata de exagero a consideração de que o "pesadelo" atingia toda a América escravista. Além da suposta influência nos episódios que levaram à rebelião na antiga Guiana Inglesa,[117] em 1823, conforme observa Emília Viotti da Costa, à sombra dos acontecimentos de São Domingos teriam sido presas na Jamaica várias pessoas, também no ano de 1823, acusadas de portarem "documentos altamente inflamáveis supostamente trazidos do Haiti".[118]

O fantasma do haitianismo esteve presente na Bahia nos anos que se seguiram à Revolução em São Domingos.[119] Emblemático nesse sentido

---

[115] João José Reis. *Rebelião escrava no Brasil: a história do levante dos malês em 1835*. São Paulo: Companhia das Letras, 2003, p. 534. (Edição revista e ampliada.)
[116] Ibidem, p. 360.
[117] "Suposta" visto que "Não havia referências à rebelião do Haiti na documentação produzida pelos negros; as únicas referências são feitas por brancos, constantemente assombrados pelo espectro do Haiti". Emília Viotti da Costa. *Crowns of Glory, Tears of Blood: the Demerara Slave Rebellion of 1823*. Nova York: Oxford, 1994, p. 278. Tradução minha.
[118] Ibidem, p. 359. Tradução minha.
[119] Stuart B. Schwartz. *Segredos internos: engenhos e escravos na sociedade colonial, 1550-1835*. São Paulo: Companhia das Letras, 1988, p. 385.

parece ser o testemunho de um depoente na devassa da sedição baiana de 1798, José de Freitas Sacoto: "E é do mesmo Sacoto a descrição dos «sinais distintivos de todos aqueles que se alistavam no partido da revolução»: brinco na orelha, barba crescida, até o meio do queixo e um búzio de angola nas cadeias do relógio. Quem portasse esse conjunto de sinais deveria ser reconhecido «como francês, e do partido da rebelião»".[120] Não era diferente no caso do Rio de Janeiro onde, em 1804, "milicianos crioulos e mulatos usavam retratos de Dessalines, o líder haitiano, pendurados no pescoço para consternação dos oficiais locais".[121]

Os anos próximos à independência política do Brasil serviram para reavivar o poderoso símbolo representado pela revolução caribenha.

Como observa Ana Cloclet,[122] insultos, roubos, assassinatos, fugas, assuadas, revoltas cometidos por escravos, muitas vezes consorciados com libertos e livres pobres, fizeram parte do cotidiano da capitania de Minas Gerais, ocupando boa parte das atenções dos governadores no século XVIII.[123] A "novidade", para a autora, é que a partir de 1792 cria-se iminente uma "sublevação geral dos escravos, a exemplo de São Domingos, medo este agudizado a partir da instauração do debate constitucionalista".[123]

É a esse clima que se deve atribuir a notícia, publicada no *Diário Extraordinário da Europa*, em 1821, de uma revolução que se teria iniciado pela tomada da capital, Vila Rica onde ". . . após «um combate furiosíssimo» pelo juramento da Constituição e da igualdade com os Brancos, [. . .] teria se espalhado por toda a província, desde o «País diamantino» até «Caeté, Pitangui, Tamanduá, Queluz, Santa Maria de Baependi» e «Paracatu», envolvendo, só nesta última vila, cerca de mil «Negros», em públicos regozijos ao constitucionalismo".[125]

---

[120] István Jancsó. *Na Bahia, contra o Império: história do ensaio de sedição de 1798*. São Paulo-Salvador: Hucitec-Edufba, 1996, p. 186. Naquela quadra, certamente, as "idéias francesas" passavam pelo Haiti.
[121] Stuart Schwartz, p. 385. O autor também constata que os escravos não teriam sido influenciados pela rebelião no Caribe, mas sim a população livre de cor. Ibidem.
[122] Ana Rosa Cloclet da Silva. Identidades políticas e a emergência do novo Estado nacional. In: István Jancsó (org.). *Independência: história e historiografia*. São Paulo: Hucitec-Fapesp.
[123] É bastante extensa a bibliografia acerca do tema. A título de exemplo, consultar: Carlos Magno Guimarães. Mineração, quilombos e Palmares: Minas Gerais no século XVIII; e Donald Ramos. O quilombo e o sistema escravista em Minas Gerais do século XVIII, páginas 139-63 e 164-92, respectivamente. In: João José Reis & e Flávio dos Santos Gomes (orgs.). *Liberdade por um fio: história dos quilombos no Brasil*. São Paulo: Companhia das Letras, 1996; Laura de Mello e Souza. *Norma e conflito: aspectos da História de Minas no século XVIII*. Belo Horizonte: Humanitas, 1999.
[124] Ana Cloclet Clocet da Silva. Op. cit., p. 539.
[125] Notícia de uma revolução entre pretos no ano de 1821, em Minas Gerais. *RAPM*, 1900, vol. V, pp. 158-60. Apud: Ana Cloclet da Silva, p. 539. Não há nenhuma evidência documental de que tal rebelião tenha ocorrido.

Que não apenas os escravos, mas também os demais integrantes das "classes ínfimas" eram imantados pela divulgação das idéias de liberdade e igualdade, atribuindo-lhes significados próprios, dão mostras os relatos das autoridades locais e provinciais mineiras — ainda que os conflitos, obviamente, não se restringissem à província — sobre demonstrações de sublevação da escravatura" que se recusavam a seguir obedecendo aos senhores sob o pretexto de que "as atuais Leis favorecem uma tal Causa, e que para os apoiar existem autoridades [. . .]".[126] As notícias de ameaças de sublevação, envolvendo centenas de escravos, vinham de diferentes regiões, sobretudo do Distrito Diamantino.

E conclui a autora:

"No contexto da Independência, portanto, a atuação dos setores marginais da população mineira foi potencializada não apenas pela habilidosa instrumentalização que dela faziam os vários segmentos da camada dominante, mas pela própria percepção das «classes ínfimas» acerca das possibilidades de inserirem suas lutas através destas estratégicas alianças entre si e com membros da classe proprietária."[127]

Mais uma evidência, dentre tantas, de que os faustos do Haiti repercutiram no Brasil na conjuntura da independência política é o registro feito por "Um anônimo informante da Coroa portuguesa" que escreveria de forma transparente, numa data qualquer entre 1822 e 1823, sobre a ameaça do debate constitucional em um país escravista:

"Finalmente: todos os brasileiros, e sobretudo os brancos, não percebem suficientemente que é tempo de se fechar a porta aos debates políticos, às discussões constitucionais? Se se continua a falar dos direitos dos homens, de igualdade, terminar-se-á por pronunciar a palavra fatal: liberdade, palavra terrível e que tem muito mais força num país de escravos do que em qualquer outra parte. Então toda a revolução acabará no Brasil com levante dos escravos, que, quebrando suas algemas, incendiarão as cidades, os campos e as plantações, massacrando os brancos e fazendo deste magnífico império do Brasil uma deplorável réplica da brilhante colônia de São Domingos."[128]

---
[126] SP, JGP1/3, cx. 1, Av (8/1/1822). Apud: Ana Rosa Cloclet da Silva. Op. cit., p. 540.
[127] Ana Rosa Cloclet da Silva. Op. cit., p. 541.
[128] "Um documento inédito para a história da Independência". Traduzido e publicado na íntegra, juntamente com um estudo crítico, por Luiz Mott. In: Carlos Guilherme Mota (org.). *1822: dimensões*. São Paulo: Perspectiva, 1972, p. 482.

A conjuntura da Regência, também se mostrou como um momento profícuo para reacender o espectro do haitianismo. Referindo-se à Bahia, observa Stuart Schwartz:

"No período da Regência (1831-40), o termo «haitianismo» foi usado como um epíteto contra jornais que supostamente representavam os interesses da população de cor livre e abordavam precisamente a questão racial. Evidências de insurreição incitada por notícias ou pelo exemplo do Haiti não aparecem em nenhum dos inquéritos judiciais durante a repressão das rebeliões escravas na Bahia. Os escravos baianos encontraram a fonte de seus movimentos em suas próprias tradições."[129]

Na documentação impressa, por nós consultada, a referência ao Haiti aparece duas vezes, mas não associada a periódicos pretensamente identificados à causa negra.

Na primeira delas, os camaristas da Vila do Pomba demonstram, provavelmente ainda abalados pelos acontecimentos registrados em 1831, sobretudo em Santa Rita do Turvo, o temor da eclosão de uma rebelião de escravos que fatalmente se seguiria à tomada da capital Ouro Preto pelos sediciosos: ". . . aparecendo a anarquia há muito desejada pelos malvados ela será completa pela (eu tremo proferir) insurreição já preconizada [. . .] por forças externas do Estado Haiti, para onde suspeitamos ter ido há pouco um emissário dos malvados; para Deus nossas suspeitas sejam sonhos".[130]

Que o temor de um novo Haiti andava "nas cabeças e na pena" dos contemporâneos é manifesto, também por ocasião dos desdobramentos das instabilidades regenciais na província de Minas Gerais que culminam com a Revolta de Carrancas. De acordo com o juiz de paz de Baependi: "Logo que tive notícias dos acontecimentos de 22 de março na capital da província, conhecendo a maldade dos nossos inimigos, lembrei-me de que em lance apertado poderiam lançar mão de algum plano haitiano".[131] A situação parecia ainda mais grave se se considera que desde o mês de março a cabeça da Comarca, São João del-Rei, era a sede do Governo Legal.

Se os planos dos rebeldes de Carrancas guardavam alguma relação com os episódios da antiga colônia francesa não temos nenhum regis-

---

[129] Stuart Schwartz. *Segredos internos: engenhos e escravos na sociedade colonial, 1550-1835*. São Paulo: Companhia das Letras, 1988, p. 385.
[130] *RAPM*, p. 175.
[131] *RAPM*, p. 172.

tro. Mas a eles, e à semelhança do que ocorrera em São Domingos com Toussant L'Ouverture, cuja inteligência era considerada incomum, não faltava um líder ". . . dotado de uma idéia clara, gênio empreendedor e bastante audacioso", como reconhecia o mesmo juiz de paz de Baependi. Tratava-se de Ventura Mina, escravo do Deputado Gabriel Francisco Junqueira, eleito em 1831, fazendeiro na comarca do Rio das Mortes e uma das principais lideranças liberais moderadas da província.

Os delatores das ações de Ventura e seus liderados teriam sido escravos do distrito que, através de "algumas palavras vagas", informaram sobre os "desastrosos acontecimentos de Campo Alegre e Bela Cruz". O registro que a autoridade distrital faz dos eventos baseia-se, além dos relatos apresentados pelos informantes, na confissão dos escravos que já haviam sido presos e acusados de participação no movimento[132] e que consta do ofício enviado ao Conselho da Província.[133] É nele que baseamos a reconstituição, em linhas gerais, do que ficou conhecido como "Revolta de Carrancas".[134]

A ação resultara de um plano concebido há cerca de um ano mas fora precipitada pela descoberta da trama pelas autoridades, pela oportunidade que se mostrara com a ausência das forças militares e da Guarda Nacional que se haviam deslocado para combater os Governo Rebelde de Ouro Preto e pelo incentivo de um "certo branco" — que mais tarde se revelaria ser Francisco Silvério Teixeira, que teria afirmado ser "este o tempo de romper a guerra contra os brancos".

Os planos iniciais, ou pelo menos o que a autoridade encarregada de reprimir sua execução conseguiu apurar sobre eles, pareciam bem arquitetados e seu itinerário bem-definido, ultrapassando as fronteiras provinciais: ". . . deviam principiar em Campo Alegre, seguir a Bela Cruz, Jardim, Campo Belo e dali engrossando a força voltarem a Santo Inácio, Heristuba, seguirem uns para o Espírito Santo outros para o Carrancas". Cumprida essa etapa, quando então estariam "mortos e vencidos todos os brancos" e "senhores os pretos do terreno e riquezas" os revoltosos estariam fortes o suficiente "para novas conquistas". O termo *preto*, empregado pela autoridade, não parece fortuito e, como é assente pela historiografia, designava o escravo africano; afinal, sua principal liderança, Ventura Mina — ainda que, de acordo com o documento, insuflada por um branco — e outro personagem destacado, Julião Africano

---
[132] *RAPM*, p. 172.
[133] *RAPM*, pp. 172 a 174.
[134] Os estudos mais completos sobre o tema foram feitos por Marcos Ferreira de Andrade. *Rebeldia e resistência: as revoltas escravas na província de Minas Gerais (1831-1840)*. Mestrado. Belo Horizonte: Fafich/UFMG, 1996.

provinham da África Ocidental, o que aumentava o temor dos proprietários e a identificação do movimento com a História do Haiti.

Os sucessos tiveram lugar no dia 13 de maio e principiaram "na roça" de Gabriel Francisco de Andrade Junqueira, filho do deputado liberal:

"... achando-se ainda a cavalo chegaram-se a ele [Gabriel de Andrade Junqueira] o sobredito escravo Ventura Mina, Domingos Crioulo e Julião Africano [escravo do Deputado Junqueira]: o primeiro segurou a rédea do cavalo; o segundo tirou-o de cima; o terceiro moeu-lhe a cabeça com golpes de pá; o cavalo fugiu; um moleque fiel o cavalgou e correndo a toda a brida para casa, os assassinos não puderam, apesar das diligências, impedir; um outro escravo fiel avisou ao Cel. João Pedro."[135]

A ação dos três escravos ia ganhando proporções de levante com a adesão de dezenas de cativos que, unidos dirigiram-se "à roça de Bela Cruz [...] marcharam para casa e assassinaram a seus senhores José Francisco Junqueira, sua Senhora, uma filha viúva, nora e três netos do primeiro e imediatamente a Manuel da Costa genro" que chegava à casa naquele momento. Em seguida, rumaram:

"... para o Jardim para fazerem a junção com os escravos daquela fazenda, matar os brancos e progredir no plano; em caminho mataram a uma infeliz que encontraram; avisado porém o dono da fazenda do Jardim, este os esperou, e disparou-lhes um tiro à entrada do Portão chumbeando a dois, e outro tiro foi ferido o Ventura chefe dos insurgentes, que se retiraram."

Ainda que os planos dos rebeldes de Carrancas, freguesia com uma das maiores taxas de africanos no conjunto da população escrava da província, datassem de mais de um ano, como se viu, teria sido decisivo para que os escravos passassem da trama à execução os contatos mantidos com Francisco Silvério Teixeira, homem branco, morador na Vila Verde da Campanha. Viriam dele as informações de que na capital Ouro Preto, sob poder do Governo Sedicioso "... os brancos não queriam cativeiro como os de cá; que aqueles tinham vaqueiros (termo de que se serviu o Africano) e peças (o crioulo) amontoadas pelas ruas para matarem a todos os brancos que de cá fossem e que restava que os negros fizessem por aqui o mesmo aos brancos que ficaram".

[135] *RAPM*, p. 172.

Descontado o fato de que parecia impossível a uma autoridade que escravos, ou as "classes ínfimas" em geral, pudessem agir por conta própria — o que leva o juiz de paz a concluir, de forma categórica "ser o sobredito Silvério autor, o motor de toda esta desordem" — a que se considerar que Francisco Silvério Teixeira era tio de Luís Maria da Silva Pinto, ambos, tio e sobrinho, ativos participantes da sedição de Ouro Preto. O primeiro, com cerca de setenta anos, era lavrador e possuía quinze escravos. O Sargento-Mor Luís Maria da Silva Pinto, de idade de 55 anos, morador em Ouro Preto, era proprietário de onze cativos.[136] Tratava-se, para os padrões mineiros, de médios proprietários de escravos cuja explicação para o fato de, pelo menos um deles, estar espalhando boatos de emancipação dos cativos, se verdadeira, poderia muito bem relacionar-se à iminência do fracasso da ocupação de Ouro Preto pelo grupo do qual era aliado e cuja deposição ocorreria menos de quinze dias depois.

A repressão que se abateu principalmente sobre os escravos sediciosos mostrou-se mais intensa do que a verificada em Salvador, por ocasião do levante dos malês, em 1835: dezessete escravos foram condenados à pena de morte por enforcamento — e um deles serviu de algoz — e outros quatro à pena de açoites e ferros.

## O fim da "Sedição do Ano da Fumaça"

Enquanto os sentenciados na Revolta de Carrancas sofriam os rigores de suas penas, o governo de Ouro Preto já havia sido deposto por "6.000 Guardas Nacionais" sob o comando do Marechal José Maria Pinto Peixoto, e Manuel Inácio de Melo e Sousa e Bernardo Pereira de Vasconcelos reassumiam o cargo de presidente e vice-presidente da província, respectivamente.

Poucos dias antes, e na mesma direção que, se supõe, agia Francisco Silvério no Rio das Mortes, o Capitão-Mor Manuel José Esteves Lima tentava resistir à deposição do governo de Ouro Preto. Para tanto, e segundo acusavam seus opositores, reunia homens das mais diferentes camadas sociais o que demonstra que não estava afastada a possibilidade de a mobilização reassumir caráter mais popular, como ocorrera em 1831, ainda que as informações pudessem ser fruto de uma autoridade ameaçada pelos rumos que o movimento viesse a tomar:

---

[136] Os dados foram extraídos das Listas Nominativas dos distritos mineiros por município, 1831/1832-1838/1840. Cedeplar/UFMG. Digitalizado.

"Agora acontece que este Manuel José Esteves seu comparsa e sedutor os chamou novamente para sua casa dizendo-lhe que pegando armas ficariam, ou que já estavam livres dos crimes, e estes, e com outros embustes desta natureza angariava um secto entre os criminosos, vadios, malfeitores e gente de toda qualidade, entre os quais muitos Guardas Nacionais deste Distrito que ficavam contíguos àquele malvado que dizem uns excede a quinhentas pessoas, e outros por diferentes números, e que com este povo pretende hoje atacar o Distrito da Barra de Bacalhau e fazer com esta força ao seu dispor o que bem lhe parecer..."[137]

E a se crer nos camaristas da Vila do Pomba, realmente o "Monstro" passou pela Barra do Bacalhau "... com mais de trezentos homens e não fez hostilidade alguma [...] [a não ser] fazer o juiz de paz assinar alguns termos quais ignoro, e seguiu seu destino a reunir-se com os da Imperial [Cidade de Ouro Preto]".[138] As movimentações dos sediciosos, agora liderados não apenas por Esteves Lima mas também pelo Coronel Inácio Couto Moreno ainda se registravam em Santa Rita do Turvo, apenas a uma semana da queda do Governo de Ouro Preto, conforme correspondência do juiz de paz de Arrepiados ao Governo Legal de 18 de maio de 1833.[139] Mesmo quando já em retirada para a "Mata procurando Itapé-Mirim, ou Campos" o "perverso prófugo" ainda dava "esperanças [aos] seus satélites de voltarem trazendo à testa o ex-Imperador..."[140]

Todas essas notícias, verdadeiras no todo ou em parte, só fazia crível aos olhos do juiz de paz de Barra do Bacalhau as informações de que, mesmo em fuga, a 29 de maio "o monstro" passara pela região "com seu séquito" dizendo que logo voltaria. Seus sectários não estavam desenganados pois "esperam o regresso do mor autorizado e pessoado pela Regência". Não paravam de chegar notícias "... de gente [que passa] por este ou aquele ponto para as partes do mor" como era o caso do Engenheiro Teotônio de Sousa Guerra, filho do Coronel João Luciano e proprietário de engenho como ele, conforme se verá no próximo capítulo. A autoridade, no temor de que as forças militares fossem insuficientes, apela às forças divinas diante da informação de que "... o Alferes João Gonçalves está com os escravos e alguns sediciosos armados e entrincheirados; valha-nos Deus".[141]

---
[137] *RAPM*, p. 167.
[138] Ibidem, p. 170.
[139] Ibidem, p. 187.
[140] Ibidem.
[141] Ibidem, p. 224.

Mas as tentativas de resistência ao governo legal também partiam de Caeté, sob a liderança dos irmãos Sás Bitencourt, de onde vem a informação de que os "sediciosos longe de curvarem-se ao jugo da lei e gravame das próprias consciências, de dentro das prisões tem redobrado de esforço para baralhar o município inteiro e levar o alarme ainda aos seus mais distantes ângulos ao mesmo tempo que tem posto em coação algumas testemunhas na Devassa e a outras que ao fato de seus iníquos feitos temem lhes façam carga".[142]

As interpretações sobre o grau das punições adotadas contra os sediciosos parece dividir os estudiosos. Para alguns, vitoriosos sobre o "Governo intruso" de Ouro Preto, os liberais mineiros teriam desencadeado intensa perseguição aos sublevados[143] o que irá repercutir na Câmara dos Deputados, no Rio de Janeiro. No discurso proferido por Bernardo Pereira de Vasconcelos, na sessão de 4 de julho de 1833, depois de afirmar que a ". . . a tranqüilidade se acha perfeitamente restabelecida em Minas Gerais" o deputado mineiro defende-se, não sem ironia, das acusações de seu colega baiano, o Deputado Francisco Jê Acaiaba de Montezuma, de perseguição contra os rebeldes:

"Disse o ilustre deputado o Sr. Montezuma que foi amarrado um coronel em um cavalo, e conduzido pelo cabresto; até, pela maneira por que ele leu a carta, parecia que o cabresto estava lançado no coronel, o que fez uma impressão muito desagradável. [. . .] O coronel, de que se trata, comandava uma peça, é preso pelos guardas nacionais, ele dá sua palavra aos guardas de que não fugiria, entretanto havido rompido o fogo, dizem que mandado fazer pelo mesmo coronel, aproveitou-se ele da perturbação e fugiu. Pouco depois foi preso; o que se devia fazer? Amarrá-lo? Não, ele não foi amarrado;

---

[142] Ibidem, pp. 211-2.
[143] "A Província, conturbada durante dois meses, voltava à ordem. [. . .] Não se desenvolve, no entanto, trabalho capaz de pacificar os ânimos, uma vez que se instauram processos sem conta e a perseguição tenaz aos revoltosos, que levam ao cárcere, sobretudo em Ouro Preto, muitas pessoas, notadamente militares. Em clima de terror policialesco, os processos apontavam responsáveis, envolvendo alguns por simples conhecimento dos sediciosos. Nos processos que se conhecem, a pena foi extremamente severa, com prisões perpétuas ou por 28 anos, simples ou com agravante de galés. Ante as perseguições, o Governo Regencial teve que interferir, para amainar os ódios, diminuindo penas de júri vingativos ou concedendo auxílio às vítimas, como se vê nas comutações para degredos em outras Províncias de condenados. [. . .] O Governo só pode decretar a anistia em 19 de junho de 1835, quando a Província conhece a paz, encerrando-se o episódio que se tem chamado de «revolução do ano da fumaça», pelo fato de se ter assinalado em 1833 em quase toda a Província espessa neblina, durante dias, de modo a atemorizar as pessoas simples". Francisco Iglésias. Minas Gerais, cit. p. 403.

foi sim substituído por um cabresto o freio do cavalo, em que foi conduzido o coronel."[144]

A aproximação entre liberais moderados e restauradores, logo no ano seguinte ao da Sedição, parecem favorecer as teses dos que defendem uma certa brandura no tratamento das lideranças abastadas envolvidas na sedição caramuruana, antes mesmo de decretada a anistia, em 19 de junho de 1835. Jogam luz sobre o destino dos réus de 1833 as considerações do mineiro Teófilo Ottoni, editor do jornal liberal *Sentinella do Serro* que interrompe seu "exílio" na Vila do Príncipe, exílio esse causado pelo impedimento de formar-se engenheiro na Academia da Marinha e pela ameaça de ser embarcado para a costa de África por sua filiação à sociedade liberal dirigida por Evaristo da Veiga e Bernardo de Vasconcelos, para participar ativamente, mediante a mobilização da Guarda Nacional na comarca do Serro do Frio.

O combate travado contra os restauradores naquela ocasião, não impediu que o futuro diretor da Companhia de Navegação e Comércio do Rio Mucuri denunciasse, apenas decorrido um ano, e com a morte de D. Pedro I, que as facções liberais se encontravam divididas e que seu setor moderado se aproximava dos ex-restauradores, unidos na formação de uma "oligarquia tenebrosa, apoiada no poder e no dinheiro dos traficantes da costa da África, a cujas empresas se associara, em defesa do sistema representativo".[145]

A rápida aproximação entre moderados e restauradores certamente se processou à medida que crescia a instabilidade social em todo o Império, pela oportunidade do rompimento de antigas alianças como aquela que uniu, em diversas comarcas de Minas, caramurus, escravos e libertos. Afinal, ainda que fosse possível a interpretação de que a mobilização dos setores populares obedecesse aos interesses das oligarquias locais, a possibilidade de ação autônoma das camadas despossuídas era uma ameaça concreta a rondar os proprietários de terras e escravos.

Os rebeldes pronunciados, por sua vez, lançarão mão de um argumento ao mesmo tempo incompatível com um regime em que eles

---

[144] *Bernardo Pereira de Vasconcelos*. Rio de Janeiro: Ed. 34, 1999, p. 205. As acusações de Montezuma e a descrição feita por Francisco Iglésias sobre a repressão que se abateu contra os sediciosos contrastam, no mínimo, com os registros encontrados na documentação de que as celas dos réus pronunciados permaneciam abertas. *Revista do Arquivo Público Mineiro*, vol. 7, p. 199, 1902.
[145] Teófilo B. Ottoni. Circular dedicada aos senhores eleitores de senadores pela província de Minas Gerais no quatriênio atual e especialmente dirigida aos senhores eleitores pelo segundo distrito eleitoral da mesma província para a próxima legislatura, pelo ex-deputado Teófilo Benedito Ottoni. S.ed., 1860, p. 58.

próprios insistiam, com ou sem razão em acusar de "Republicano", e denunciador de seu apego a uma sociedade de *Antigo Regime*. Os presos, detidos na vila de Caeté reclamavam "em seu favor para estarem em maior liberdade, os foros e prerrogativas, de que dizem gozar como fidalgos".[146]

A 14 de junho de 1833 Manuel Esteves chega a Mariana juntamente com quatro réus incriminados de liderança sediciosa naquele termo. Certamente beneficiado pela anistia, negociada entre os liberais mineiros e o Governo Regencial do Rio de Janeiro dois anos após a sedição.

Ao enfatizarmos que a revolta tinha como modelo as mobilizações do Antigo Regime não quisemos desconsiderar a influência da conjuntura precisa de fins do Primeiro Reinado e início do Período Regencial no evolver dos acontecimentos. Procuramos destacar, porém, o potencial que formulações desse tipo apresentavam no sentido de unificar lideranças conservadoras e os setores populares nas lutas que tiveram lugar no processo mais amplo de constituição do Estado Nacional Brasileiro.

A superação das contradições entre supostos restauradores e liberais, se explica ainda, a nosso ver, pela predominância das relações escravistas na formação social da América portuguesa e do Brasil independente. Conforme observa István Jancsó o fato de essas relações não terem sido redutíveis "à concepção societária do Antigo Regime", visto serem incompatíveis com a "utopia da perfeita harmonização das naturais desigualdades entre detentores de direitos/liberdades específicos, negados, sob qualquer forma, aos escravos" levou às dificuldades de definição das proposições dos agentes políticos norteados por relações sociais que ao mesmo tempo que os afastava da sociedade de tipo estamental, criavam a ilusão da existência de uma camada de nobres sustentada por uma base material que os liberava da condição de trabalhador direto.[147] Na mesma direção, e igualmente esclarecedoras sobre o tema, são as considerações de Fernando A. Novais e João Manuel Cardoso de Mello de que no Brasil "O valor da hierarquia [. . .] se assentou basicamente na riqueza e na renda, pois, nunca tivemos uma autêntica aristocracia, e sim um senhoriato que vivia da produção mercantil. . .".[148]

---

[146] *Revista do Arquivo Público Mineiro*, vol. 7, p. 188, 1902.
[147] István Jancsó. *Brasil: formação do Estado e da Nação*, cit., pp. 21-2.
[148] Capitalismo tardio e sociabilidade moderna. In: Fernando A. Novais (organizador da coleção) e Lilia M. Schwarcz (organizadora do volume). Contrastes da intimidade contemporânea. *História da vida privada no Brasil*. São Paulo: Companhia das Letras, 1998, pp. 605-6, vol. 4.

## Capítulo 4
## UMA TENTATIVA DE RECONSTITUIÇÃO DO PERFIL SOCIOECONÔMICO DOS SEDICIOSOS

> "A memória, nesta casa de arquivos, é tenaz, lenta a esquecer, tão lenta que nunca chegará a olvidar nada por completo."
> — JOSÉ SARAMAGO. *Todos os nomes.*

### "Povo e Tropa"

Ao tratar das revoltas do Período Regencial, José Murilo de Carvalho apresenta um quadro em que estabelece a duração dos movimentos, sua localização e os principais participantes. A Sedição de Ouro Preto aparece circunscrita ao ano de 1833 e na coluna dedicada à origem social dos integrantes do movimento, encontra-se registrado "tropa". Em comentário anterior, o autor afirmara que "A revolta dos malês [em 1835] foi a única de alguma importância que teve a liderança de escravos".[1]

No Capítulo 3 deste trabalho, tentou-se não apenas estabelecer, consoante com a historiografia mais recente sobre o tema, uma nova cronologia para a sedição de 1833, que na verdade remonta ao ano de 1831, mas também que a participação popular variou nas diferentes fases do movimento, havendo momentos, como o que se observou em Carrancas, curato de São Tomé das Letras, comarca do Rio das Mortes, em 1833, que os escravos assumiram a liderança da rebelião.

No mesmo capítulo, chamou-se a atenção para a dificuldade em se definir a origem socioeconômica dos participantes com base nos

---
[1] *Teatro de sombras: a política imperial.* Rio de Janeiro: Ed. UFRJ-Relume Dumará, 1996, p. 231.

documentos coevos. Em alguns deles, a maioria já citada anteriormente, os sediciosos são apontados como "Chefes das principais famílias" com representação nas Câmaras Municipais; em outros, como "subalternos imorais" e "salteadores"; em um terceiro como "povo e tropa" e mais adiante, numa autodesignação reveladora, como fidalgos...

Tais considerações não invalidam, porém, a constatação de que, na etapa do movimento marcada pela tomada do poder na capital da província, a 22 de março de 1833, as lideranças egressas da "tropa" tenham predominado entre os sediciosos.[2] Admiti-lo, por sua vez, nos parece insuficiente visto que se o pertencimento à corporação pode ser decisivo para definir o engajamento em um movimento, sobretudo em uma conjuntura em que esses mesmos milicianos se dizem perseguidos pelas autoridades que se encontram no governo, ao mesmo tempo não ajuda a explicar a participação de outros personagens que não têm na atividade militar a sua principal ocupação.

Por outro lado, os militares não viviam, como se procurará demonstrar, exclusivamente de seus soldos, mas estavam voltados para o desempenho de atividades econômicas cuja natureza cumpre elucidar com o objetivo de aprofundar o perfil socioeconômico dos participantes do movimento.

Um outro aspecto não menos relevante da questão, relaciona-se à compreensão de que o termo *tropa* abrigava uma realidade complexa, uma vez que dizia respeito não apenas ao Exército, mas também às tropas de milícias que, no período que nos ocupa, estavam sendo substituídas pela Guarda Nacional.[3] As milícias, como eram genericamente referidas as forças armadas no período colonial[4] eram compostas pela Tropa Regular ou de primeira linha e de tropas auxiliares ou a milícias propriamente e os corpos de ordenanças. Da Tropa Regular ou de pri-

---

[2] Na "Proclamação de São João del-Rei" o "Governo intruso" é assim definido pelos partidários da Regência: "Uma sedição militar, com o mais baixo povo, proclamou a deposição do Presidente da Província e a expulsão de alguns Conselheiros do Governo, fazendo recair a Presidência em um Suplente". *RAPM*, p. 164.

[3] "[A Guarda Nacional] Foi a sucessora das milícias, uma estrutura emasculada de funcionários, que ganhou aceitação na memória coletiva da história brasileira". Fernando Uricochea. *O minotauro imperial: a burocratização do Estado patrimonial brasileiro no século XIX*. Rio de Janeiro; São Paulo: Difel, 1978, p. 138.

[4] "... em grande número de nossas leis dá-se o nome geral de milícia à força armada, quer seja de primeira, segunda ou terceira linha...". Raimundo José Cunha Matos. *Repertório da legislação militar*, vol. 2, p. 166. Apud: Graça Salgado (coordenadora). *Fiscais e meirinhos: a administração no Brasil colonial*. Rio de Janeiro: Nova Fronteira, 1985, p. 98. Sobre a organização das milícias na capitania de Minas Gerais ver o artigo de Francis Albert Cotta. Os Terços de Homens Pardos e Pretos Libertos: mobilidade social via postos militares nas Minas no século XVIII. Exemplar gentilmente cedido pelo autor (mimeo.).

meira linha faziam parte os oficiais pagos — em boa parte, vindos de Portugal. Já as tropas de Ordenança eram formadas pela população local, encarregada de manter a ordem interna das capitanias, sem nenhum tipo de remuneração.

As milícias, por sua vez, prestavam o serviço de apoio às tropas de primeira linha e também não recebiam remuneração: "Eram tropas de caráter territorial deslocáveis e não remuneradas, formadas pelos excluídos do recrutamento das tropas regulares: lavradores, filhos de viúvas e homens casados. Sua organização seguiu o mesmo modelo adotado para as tropas de primeira linha, sendo comandadas por oficiais oriundos do exército regular".[5] É certo que as disputas, sobretudo entre os oficiais eleitos pela Guarda[6] e as milícias, poderiam jogar água no moinho dos conflitos desencadeados a partir de 1831.

A tarefa a que nos propomos parece imperiosa, ainda, quando se constata que, de acordo com uma historiografia de cunho revisionista, o comportamento das elites políticas mineiras, seja na definição da política provincial, seja em sua relação com a política da Corte, tem sua explicação nas peculiaridades de sua configuração socioeconômica, marcada pelo predomínio de uma atividade mercantil de subsistência que não apenas torna efetiva sua participação no comércio de abastecimento da capital do Império, como também abrigará o maior contingente de escravos do Brasil Imperial.[7]

### As fontes e a metodologia

Em Relatório apresentado no ato de instalação da Primeira Assembléia Legislativa de Minas Gerais, a 1.º de fevereiro de 1835, o Presidente Limpo de Abreu reconhecia o atraso da administração pública na confecção dos Mapas de população da Província. Na verdade, a ordem que expedira para os Juízes de Paz, com a suplência das Câmaras Municipais, para realizarem a contagem da população não havia sido cumprida em mais de 130 distritos, incluídos aí vários dos mais populosos, o que "retardava a conclusão de tão interessante trabalho",[8] sem dúvida

---

[5] Ibidem, pp. 97-8.
[6] A questão é, de fato, bem mais complexa do que se pode conceber à primeira vista. A Guarda Nacional sempre esteve associada com o Governo Regencial, responsável, como se sabe, por sua criação, pela lei de 18 de agosto de 1831, por iniciativa do ministro da Justiça, o Padre Antônio Diogo Feijó. Porém, sua formação já era cogitada desde o Primeiro Reinado: "Concebida ainda no Primeiro Reinado, a corporação paramilitar brasileira surgiu num momento crucial". Ronaldo Vainfas (org.). *Dicionário do Brasil Imperial (1822-1889)*. Rio de Janeiro: Objetiva, 2002.
[7] Ana Rosa Cloclet da Silva. Op. cit. e Wlamir Silva. Op. cit.
[8] *RAPM*, p. 91.

necessário para a definição das iniciativas a serem adotadas pelo poder público, bem como para o estabelecimento do número de eleitores que cada Freguesia e Paróquia teriam direito de indicar.[9] Os problemas enfrentados pelas autoridades com o recenseamento já vinham de alguns anos. Exemplo disso são as recorrentes solicitações aos párocos para que enviassem os Mapas contendo os dados sobre "nascidos e casados", pelo menos desde 1830, sem grande sucesso, o que sem dúvida expressava os dilemas entre a constituição de uma administração burocratizada e o controle civil exercido pelo clero.[10] Os dados parciais depositados na Secretaria de Governo, relativos a 280 distritos, revelavam que a população da província somava 517.547 habitantes de todas condições, idades, gêneros e estado. Destes, 169.743 não excediam a idade de quinze anos; 169.743 encontravam-se na faixa entre quinze e trinta anos e 131.285 tinham de trinta a sessenta anos, sendo o restante constituído de maiores de sessenta anos.[11]

Os dados sobre o quantitativo da população mineira apresentados por Limpo de Abreu parecem mais confiáveis do que os registrados nos Mapas e incluídos no Relatório pelo mesmo presidente, com evidente otimismo e que tratam dos índices de alfabetização na província ". . . não parecendo estar muito distante da verdade o cálculo, pelo qual se verifica que mais de dois terços da população livre da Província sabem ler e escrever".[12]

As informações obtidas das *Listas Nominativas* constituirão uma das principais fontes que nos permitirão conhecer melhor alguns dos envolvidos nas sedições dos anos iniciais da Regência em Minas Gerais.

O recurso aos processos-crime, aos documentos reunidos no número 7 da *Revista do Arquivo Público Mineiro*, às ações cíveis, às fontes camarárias, aos documentos que constituem a "Subsérie: Sedição de 1833", depositados no Arquivo Público Mineiro, permitiu, nas páginas precedentes, a reconstituição das mobilizações ocorridas na província de Minas Gerais entre a Abdicação e o primeiro semestre de 1833. Em um caso

---

[9] *RAPM*, p. 124.
[10] Registro de ofícios do governo e autoridades da província. Seção do Governo Provincial. Códice 74, fl. 43, 11/7/1830.
[11] *RAPM*, p. 91. Os dados mais completos sobre a população da província mineira na primeira metade do Oitocentos são os apresentados por Clotilde Paiva: "Na primeira metade da década de 1830 viviam em Minas Gerais 718.191 pessoas dispersas em 410 distritos de paz, não incluídos os índios. As regiões mineradoras juntas apresentam os maiores percentuais, tanto de população quanto de distritos, possuem 35% dos distritos e 29% da população, seguidas pela porção sul que, tomada no seu conjunto, tem 23% dos distritos e 26% da população". Clotilde Andrade Paiva. Op. cit., pp. 52-3.
[12] *RAPM*, p. 92. Os Mapas utilizados por Limpo de Abreu foram confeccionados com base nas Listas Nominativas.

específico, o do Capitão-Mor Manuel José Esteves Lima, foi possível traçar parte da rede de relações sociais na qual se encontrava imerso, bem como apontar elementos da sua atuação pública na freguesia de Santa Rita do Turvo e em outras regiões do termo de Mariana. Com bases nessas mesmas fontes, foram relacionados os nomes de todos os sediciosos aí registrados, da mesma forma com foram recolhidas outras informações que pudessem mostrar-se úteis na investigação desses nomes nas Listas, como local de origem, laços de parentesco, etc. O levantamento inicial resultou em 41 nomes. De posse dessa relação, partiu-se em busca de sua localização no banco de dados constituído com base nas *Listas Nominativas*, organizado por uma equipe do Centro de Desenvolvimento e Planejamento Regional (Cedeplar/ UFMG), "como parte de um projeto de pesquisas (uma voltada para história econômica, outra para história demográfica) que teve início em 1982"[13] e encontra-se disponível em meio eletrônico. Desse total chegou-se, com boa margem de segurança, a 27 sediciosos. De posse dessa relação, partiu-se em busca de sua localização no banco de dados constituído com base nas *Listas Nominativas*.[14] Dessas 27 pessoas implicadas nos levantes, encontramos nos bancos de dados mencionados, até aqui, apenas três que haviam participado dos motins em Santa Rita do Turvo, em 1831 e em Ouro Preto, em 1833: os "engenheiros de cana" Manuel José Esteves Lima, conforme mencionado no capítulo anterior, João Luciano de Sousa Guerra Araújo e Julião Alexandre Cardoso. Os demais tiveram seus nomes associados apenas à "Sedição de Ouro Preto".

As *Listas Nominativas* são listas domiciliares que "apresentam a relação dos habitantes de cada distrito, especificando, para cada indivíduo do fogo, o nome, a raça, a idade, o estado civil, a condição, a ocupação e, algumas vezes, outras características, como, por exemplo, se é alfabetizado, se é votante ou elegível, sua naturalidade etc."[15] para os anos

---

[13] Maria do Carmo Salazar Martins. Op. cit., p. 192.
[14] A organização e análise dos dados conta com a participação de José Guilherme Ribeiro, a quem agradeço.
[15] Maria do Carmo Salazar Martins. Fontes para o estudo da província de Minas Gerais. In: Tarcísio Rodrigues Botelho et al. (orgs.). *História quantitativa e serial no Brasil: um balanço*. Goiânia: Anpuh-MG, 2001, pp. 185-204.
[16] Segundo Marcelo Godoy, as definições de *fogo* variam da unidade familiar, unidade de residência, unidade produtiva, unidade de posse (de escravos) às relações/vinculações existentes entre proprietários e agregados. Marcelo Magalhães et alii. Dicionário das ocupações em Minas Gerais no século XIX, acompanhado de estudo histórico em torno da economia e sociedade mineira provincial. *Varia Historia*, Belo Horizonte, n.º 15, mar., 1996, p. 176. De acordo com Clotilde Paiva, as Listas nominativas de habitantes de 1831-32 "relacionam, com riqueza de detalhes mais de 400.000 pessoas". *População e economia nas Minas Gerais do século XIX*. Doutorado. São Paulo: FFLCH/USP, 1996.

1831, 1832, 1838 e 1840.[16] De acordo com Maria do Carmo Salazar, as Listas de 1831-1832 constituem a documentação mais rica e mais completa sobre população existente para o século XIX:

"É vulgarmente conhecido como o censo de 1831-1832. Estas listas foram arroladas em resposta ao ofício do presidente Manoel Inácio de Melo. . . . Estima-se que em nível de Província como um todo elas representam 53% dos distritos existentes, ou seja, são 231 listas domiciliares, o que corresponde a 58.441 fogos. Todos os 16 municípios criados e instalados até 1831 estão retratados nesse censo."[17]

O ofício citado, enviado pelo então presidente da província a todos os juízes de paz existentes em cada uma das freguesias e das capelas filiais curadas atribuía-lhes a tarefa de efetuar o recenseamento da província: ". . . pela ordem dos respectivos quarteirões, ou quando estes não se acharem divididos, pela dos fogos, ou famílias, com os nomes de cada um dos indivíduos delas; e declarações marginais das idades, condições, estados e ocupações em que se empregam, e dos que são libertos e cativos".[18]

A iniciativa foi repetida em 1838 pelo então Presidente Bernardo Jacinto da Veiga. Ao todo, 160 juízes de paz enviaram para a presidência da província listas nominativas de seus distritos entre os anos de 1838 e 1840.[19] Porém, nas duas ocasiões, a queixa do Presidente Limpo de Abreu sobre o atraso e até mesmo sobre o não-cumprimento do envio dos dados se repetiu.

A relação dos envolvidos localizados nas *Listas Nominativas*, com algumas informações preliminares, é apresentada a seguir:[20]

Quadro 1. Dados sobre os sediciosos localizados

| NOME DO SEDICIOSO | DESCRIÇÃO |
|---|---|
| ALFERES BERNARDO TEIXEIRA RUAS | Homem, chefe do fogo, 39 anos, morador em Ouro Preto, ocupação: ALFERES |
| ANTÔNIO DE MAGALHÃES SILVA | Homem, chefe do fogo, 36 anos, morador em Caeté — VILA DE CAETÉ, ocupação: PROFESSOR |
| ANTÔNIO DE SOUSA GUIMARÃES | Homem, chefe do fogo, 60 anos, morador em Tamanduá — NOSSA SENHORA DO DESTERRO, ocupação: CARPINTEIRO |

---

[17] Maria do Carmo Salazar Martins. Op. cit., p. 191.
[18] APM, SP 81, p. 146. Apud: Maria do Carmo Salazar Martins. Op. cit., p. 189.
[19] Maria do Carmo Salazar Martins. Op. cit.
[20] Na relação não consta o nome do Capitão-Mor Manuel José Esteves Lima, o que se deve à percepção de que os dados apresentados nas Listas sobre o seu domicílio foram subestimados, conforme se procurou demonstrar no capítulo anterior.

DO PERFIL SÓCIOECONÔMICO DOS SEDICIOSOS 105

| NOME DO SEDICIOSO | DESCRIÇÃO |
|---|---|
| ANTÔNIO JOSÉ DE SOUSA GUIMARÃES | Homem, chefe do fogo, 65 anos, morador em Campanha — ITAJUBÁ, ocupação: LAVRADOR |
| BRIGADEIRO MANUEL ALVES DE TOLEDO RIBAS | Homem, chefe do fogo, 52 anos, morador em Ouro Preto, ocupação: MILITAR |
| CAETANO MACHADO NEVES | Homem, chefe do fogo, 35 anos, morador em Mariana — MARIANA, ocupação: SACRISTÃO |
| CAPITÃO JOSÉ DE SOUSA LOBO | Homem, chefe do fogo, 40 anos, morador em Ouro Preto, ocupação: MILITAR |
| CORONEL AGOSTINHO JOSÉ FERREIRA | Homem, chefe do fogo, 50 anos, morador em Ouro Preto, ocupação: MILITAR |
| CORONEL JOSÉ DE SÁ BITENCOURT | Homem, chefe de fogo, 35 anos, morador em Caeté — VILA DO CAETÉ, ocupação:LAVRADOR/MINEIRO. |
| CORONEL JOSÉ JUSTINO GOMES | Homem, chefe do fogo, 56 anos, morador em Mariana — SÃO SEBASTIÃO, ocupação: JUIZ DE PAZ/ÓRFÃOS; LAVRADOR |
| EGÍDIO LUÍS DE SÁ | Homem, indivíduo sem relação de parentesco com o chefe, 25 anos, morador em Caeté — VILA DE CAETÉ, ocupação: MINEIRO |
| FRANCISCO SILVÉRIO TEIXEIRA | Homem, chefe do fogo, 70 anos, morador em Campanha — TRÊS CORAÇÕES, ocupação: LAVRADOR |
| FRANCISCO XAVIER MUNDIM | Homem, chefe do fogo, 50 anos, morador em Mariana — SANTA RITA DO TURVO, ocupação: LAVRADOR |
| FREDERICO CARLOS DE SÁ | Homem, indivíduo sem relação de parentesco com o chefe, 29 anos, morador em Caeté — VILA DE CAETÉ, ocupação: MINEIRO |
| ILDEFONSO JOSÉ PEREIRA | Homem, chefe do fogo, 35 anos, morador em Baependi — TURVO, ocupação: LAVRADOR |
| JOSÉ DA MOTA TEIXEIRA | Homem, chefe do fogo, 32 anos, morador em Caeté — COCAIS, ocupação: LAVRADOR |
| CORONEL JOSÉ LUCIANO DE SOUSA GUERRA ARAÚJO | Homem, chefe do fogo, 62 anos, morador em Mariana — TAPERA, ocupação: ENGENHEIRO DE CANA; LAVRADOR |
| JOÃO RODRIGUES LIMA | Homem, filho(a) do chefe, 22 anos, morador de Caeté — VILA DE CAETÉ, ocupação: GUARDA-LIVROS |
| JOSÉ INÁCIO DO COUTO MORENO | Homem, chefe do fogo, 61 anos, morador em Paracatu, ocupação: LAVRADOR |
| JOSÉ RODRIGUES LIMA | Homem, chefe do fogo, 38 anos, morador em Caeté — VILA DE CAETÉ, ocupação: NEGOCIANTE |
| JULIÃO ALEXANDRE CARDODO | Homem, chefe do fogo, 40 anos, morador em Jacuí — SÃO JOAQUIM DO SENHOR, ocupação: NEGOCIANTE |
| MANUEL TEIXEIRA DE MIRANDA | Homem, chefe do fogo, 60 anos, morador em Caeté — ITABIRA DO MATO DENTRO, ocupação: LAVRADOR; MINEIRO |
| MIGUEL RODRIGUES BRAGANÇA | Homem, chefe do fogo, 66 anos, morador em Caeté — ITABIRA DO MATO DENTRO, ocupação: LAVRADOR |
| O CADETE TEOTÔNIO DE SOUSA GUERRA | Homem, chefe do fogo, 26 anos, morador em Mariana — MARIANA, sem descrição de ocupação |
| PEDRO MUZI DE BARROS | Homem, chefe do fogo, 59 anos, morador em Ouro Preto — SANTA QUITÉRIA DE BOA VISTA, ocupação: TENENTE-CORONEL |
| SARGENTO-MOR JOAQUIM JOSÉ GONÇALVES SERRA | Homem, chefe do fogo, 53 anos, morador em Mariana — MARIANA, ocupação: DESOCUPADO |
| SARGENTO-MOR LUÍS MARIA DA SILVA PINTO | Homem, chefe do fogo, 53 anos, morador em Ouro Preto, ocupação: MILITAR |

## Uma sedição de militares?

Como ponto de partida, optei por tecer algumas considerações sobre a categoria *ocupação*.

São inúmeras as dificuldades enfrentadas pelos estudiosos interessados em estabelecer o universo das ocupações em Minas Gerais no século XIX, trabalho a que se vem dedicando com afinco os pesquisadores do Núcleo de História Econômica e Demográfica do Cedeplar/UFMG coordenado por Clotilde Andrade Paiva.

À diversificação das atividades presentes nas unidades produtivas mineiras vem juntar-se a ausência de uniformidade na coleta de dados uma vez que em razão da inexistência de um formulário padronizado, ficava a cargo dos juízes de paz e seus subordinados estabelecerem a natureza da atividade econômica da qual se ocupava cada um dos integrantes do domicílio. Do que resultou, de acordo com Douglas Libby, um dos pioneiros no trabalho com essa documentação, que "As denominações aplicadas às ocupações [variassem] quase que em proporção direta ao número de juízes de paz realizadores dos arrolamentos".[21]

Além disso, uma mesma ocupação poderia ser designada de forma diferente, de acordo com a região ou dentro de uma mesma região, como exemplifica o termo *agricultor*, comum na Zona da Mata, que se torna *lavrador* no oeste mineiro ou *plantador* no Alto Paranaíba, todos convivendo lado a lado com o termo *roceiro*...

Sobre esse universo variado, observa Marcelo Godoy (cujo trabalho de definição das ocupações não se limita ao universo documental das listas nominativas):

> "Com exceção da burocracia imperial, lotada na Corte, das atividades marítimas e de determinados tipos de extrativismo vegetal do norte do Brasil, ocorrem em Minas Gerais quase todos os tipos de ocupação [...] inclusive aquelas que são típicas ou exclusivas das terras minerais. A presença de extensa e antiga rede urbana (onde conviviam uma imensa gama de atividades: administrativas, religiosas, mercantis, o rico e variado universo de ofícios artesanais e manufatureiros, os artistas plásticos, etc.), das mais variadas formas de extração mineral, da agricultura/pecuária diversificada e com fortes matizes regionais, de vigorosa indústria de transformação (indústria têxtil artesanal doméstica e manufatureira, indústria siderúrgica e

---

[21] Douglas Cole Libby. *Transformação do trabalho*, cit. p. 31.

metalúrgica, agroindústria da cana-de-açúcar, laticínios, etc.), de impressionante rede de comunicações (o tropeirismo mineiro é de longe o mais desenvolvido no país), e de uma série de outros setores menores são os principais fatores que fazem de Minas a Província com a estrutura ocupacional mais diversificada e complexa, sem sombra de dúvida a melhor síntese para a realidade brasileira do século passado".[22]

As profissões, constantes no banco de dados foram agrupadas nos seguintes setores ocupacionais: Agricultura (agroindústria, agroindústria canavieira), Agropecuária (abate e preparação de carnes), Atividades agrícolas em geral, Extrativismo, Mineração (faiscação), Atividades artesanais e manufatureiras, Atividades manuais e mecânicas (madeira, metais, couro, barro, fibras, tecidos, fiação e tecelagem, edificações, pedras e metais preciosos). Comércio (tropas), Assalariados, Serviço doméstico, Funções públicas, não ocupados, Outros e Rentistas.[23]

Não são raros, nesse universo, os registros de "ocupações associadas" com destaque para lavrador/mineiro. Na tabela das profissões dos sediciosos localizados nos Censos, encontramos as ocupações seguintes:

Tabela 1. Ocupações dos sediciosos localizados nos Censos

| OCUPAÇÃO | OCUPAÇÕES DOS SEDICIOSOS | |
|---|---|---|
| | CONTAGEM | |
| | ABS | % |
| ALFERES | 1 | 4 |
| CARPINTEIRO | 1 | 4 |
| DESOCUPADO | 1 | 4 |
| ENGENHEIRO DE CANA; LAVRADOR | 1 | 4 |
| ESTUDANTE | 1 | 4 |
| GUARDA-LIVROS | 1 | 4 |
| JUIZ DE PAZ/ÓRFÃOS; LAVRADOR | 1 | 4 |
| LAVRADOR | 7 | 26 |
| LAVRADOR; MINEIRO | 1 | 4 |
| MILITAR | 4 | 15 |
| MINEIRO | 2 | 7 |
| NEGOCIANTE | 2 | 7 |
| PROFESSOR | 1 | 4 |
| SACRISTÃO | 1 | 4 |
| TENENTE-CORONEL | 1 | 4 |
| NÃO REGISTRADO | 1 | 4 |
| TOTAL | 27 | 100 |

[22] Dicionário das ocupações em Minas Gerais no século XIX, acompanhado de estudo histórico em torno da economia e sociedade mineira provincial. *Varia Historia*, Belo Horizonte, Fafich/UFMG, n.º 15, mar., 1996, p. 165.
[23] Clotilde Andrade Paiva. *População e economia nas Minas Gerais do século XIX*. Doutorado. São Paulo: USP, 1996, p. 63.

Se agruparmos as ocupações relacionadas à atividade militar (alferes, militar, tenente-coronel) com base nos dados da tabela acima chegaremos ao número de 6 rebeldes pertencentes à tropa. Porém, retornando ao Quadro 1 constata-se que esses perfaziam o total de 8 uma vez que não foi informada a profissão do cadete Teotônio de Sousa Guerra e o Sargento-Mor Joaquim José Gonçalves Serra foi considerado "desocupado". O número de sediciosos militares continua, porém, subestimado, a considerar apenas as informações contidas nas *Listas Nominativas*.

A consulta a outro tipo de documentação, como se viu, revelou, ainda, que não apenas João Luciano de Sousa Guerra Araújo pertencia à tropa, ocupando o posto de coronel, mas também o Tenente-Coronel Inácio do Couto Moreno, que aparece na Lista apenas como lavrador, e Antônio José de Sousa Guimarães que pertencia à Companhia de Ordenanças, o que eleva o número de sediciosos com patente para 11, ou seja, 47,7% dos sediciosos pertenciam à tropa, porcentual levemente superior ao encontrado para os que se dedicavam às atividades agrícolas. Porém, as informações "resistem" às tentativas de classificação, como no caso do Capitão Ildefonso José Pereira que pertencia à Guarda Nacional e não à tropa, portanto. Até mesmo Teotônio de Sousa Guerra, que aparece como cadete em 1831, engenheiro de cana em 1833 haviase tornado vigário, em alguma data anterior a 1866, ano da morte de seu pai, o Tenente-Coronel João Luciano de Sousa Guerra.[24]

Além do que foi considerado até aqui, e conforme observado anteriormente, nem todos os militares viviam exclusivamente de seu soldo. Os exemplos se multiplicam. Um deles é o do Coronel José de Sá Bitencourt e Câmara, morador em Caeté, maior proprietário de escravos entre os sediciosos, como se verá, cujo tipo de organização familiar reproduzia o modelo de "família extensa", abrigando vários de seus irmãos também acusados de participação no movimento de 1833: "... fatos numerosos ali praticados por Jacinto Rodrigues Pereira Reis, e o Coronel José de Sá Bitencourt com seus irmãos, procedendo logo a captura do dito Jacinto Rodrigues Pereira por ser furioso agente da revolta de Ouro Preto".[25]

No campo ocupação, o coronel aparece como lavrador/mineiro. Se observarmos, porém, as informações sobre ocupação de seus escravos tem-se que todos aqueles em idade produtiva, incluídas aí as mulheres, aparecem como mineiros o que aponta para o fato de que a extração mineral era a ocupação principal da unidade produtiva da qual

---

[24] Inventário do Coronel João Luciano de Sousa Guerra. Códice 29, auto 710, 2.º Ofício, fl. 12v, 1866.
[25] *RAPM*, p. 177. Infelizmente, o domicílio do "furioso agente da revolta de Ouro Preto", Jacinto Rodrigues Pereira, não consta nas *Listas Nominativas*.

Bitencourt de Sá era chefe. Infelizmente, o registro dos dados do domicílio do coronel constitui uma exceção, ao apresentarem a ocupação dos escravos. Para os demais militares, de posses bem mais modestas, a julgar pelo número de escravos, prevalece a observação de Clotilde Paiva acerca da principal fonte primária aqui utilizada:

"É importante que nos detenhamos, um momento, sobre o significado de «ter ocupação» na sociedade daquela época. Na verdade preocupa-nos sobretudo aquela parcela da população para a qual não foi fornecida a informação. Deixando de lado as crianças (abaixo de 10 anos) e os velhos (acima de 60 anos) ainda assim a «não informação» para escravos e mulheres foi surpreendente. [...] Escravos e mulheres tinham por definição, implícitos em suas condições individuais, o exercício de um leque de tarefas tais como serviço doméstico em geral, fiar e tecer, fazer o que lhe mandam, etc. que podia não ser percebido pelo informante como algo distinto de sua própria condição.

"Arriscamos a dizer, que poderia ser quase redundante dizer que uma mulher exercia tarefas domésticas ou que um escravo fazia isto ou aquilo."[26]

As tabelas abaixo confirmam as observações da autora também para a amostra de sediciosos localizada:

Tabela 2. Ocupações dos escravos por faixas de tamanho dos plantéis — valores absolutos

| OCUPAÇÃO | FAIXAS DE TAMANHO DOS PLANTÉIS | | | | TOTAL |
|---|---|---|---|---|---|
| | PEQUENOS | MÉDIOS | GRANDES | MUITO GRANDES | |
| APRENDIZ |  |  | 2 |  | 2 |
| COSTUREIRA |  | 1 |  |  | 1 |
| COZINHEIRA |  | 1 | 2 |  | 3 |
| CRIADO OU PAJEM |  |  | 2 |  | 2 |
| DESOCUPADO |  |  | 4 |  | 4 |
| FIADEIRA |  |  | 5 | 1 | 6 |
| JORNALEIRO |  |  | 7 |  | 7 |
| LAVADEIRA |  |  | 1 |  | 1 |
| LAVRADOR |  | 13 | 15 |  | 28 |
| LENHEIRO |  |  | 1 |  | 1 |
| MINEIRO |  |  |  | 99 | 99 |
| SERVIÇO DOMÉSTICO |  |  | 6 |  | 6 |
| NÃO INFORMADO | 7 | 26 | 72 | 109 | 214 |
| TOTAL | 7 |  | 117 | 209 | 374 |

[26] Ibidem, p. 64.

Tabela 3. Ocupações dos escravos por faixas de tamanho dos plantéis — valores porcentuais

| OCUPAÇÃO | FAIXAS DE TAMANHO DOS PLANTÉIS | | | | TOTAL |
|---|---|---|---|---|---|
| | PEQUENOS | MÉDIOS | GRANDES | MUITO GRANDES | |
| APRENDIZ | | | 2 | | 1 |
| COSTUREIRA | | 2 | | | 0 |
| COZINHEIRA | | 2 | 2 | | 1 |
| CRIADO OU PAJEM | | | 2 | | 1 |
| DESOCUPADO | | | 3 | | 1 |
| FIADEIRA | | | 4 | 0,5 | 2 |
| JORNALEIRO | | | 6 | | 2 |
| LAVADEIRA | | | 1 | | 0 |
| LAVRADOR | | 32 | 13 | | 7 |
| LENHEIRO | | | 1 | | 0 |
| MINEIRO | | | | 47 | 26 |
| SERVIÇO DOMÉSTICO | | | 5 | | 2 |
| NÃO INFORMADO | 100 | 63 | 62 | 52 | 57 |
| TOTAL | 100 | 100 | 100 | 100 | 100 |

## As diferentes posses de escravos

Pelo que foi exposto, há que considerar que, se a ocupação é uma informação importante para os objetivos do presente trabalho, ela não se presta a uma classificação hierárquica, pois a categoria "lavrador" pode referir-se tanto ao camponês quanto ao grande proprietário. O que torna mais seguro, na tentativa de estabelecer parâmetros relacionados à riqueza, considerar a posse e o número de escravos de cada um dos nomes encontrados.

Os dados obtidos são os apresentados nas tabelas que se seguem:

Tabela 4. Total de escravos nos fogos dos sediciosos localizados nos Censos

| CHEFE DO FOGO | PERÍODO | NÚMERO DE ESCRAVOS |
|---|---|---|
| CORONEL JOSE DE SÁ BETHANCOURT | 1832 | 111 |
| JOAO LUCIANO DE SOUSA GUERRA ARAUJO | 1832 | 98 |
| JOSE INÁCIO DO COUTO MORENO | 1838 | 28 |
| CORONEL ANTÔNIO RODRIGUES LIMA | 1832 | 19 |
| ILDEFONCO JOSÉ PEREIRA | 1831 | 17 |
| FRANCISCO SILVÉRIO TEIXEIRA | 1831 | 15 |
| JOAO DA MOTA TEIXEIRA | 1832 | 14 |
| ANTÔNIO JOSÉ DE SOUSA GUIMARÃES | 1832 | 13 |
| SARGENTO-MOR LUÍS MARIA DA SILVA PINTO | 1838 | 11 |
| PEDRO MUZI DE BARROS | 1831 | 9 |
| JOSE RODRIGUES LIMA | 1832 | 9 |
| BRIGADEIRO MANUEL ALVES DE TOLEDO RIBAS | 1838 | 7 |
| MANUEL TEIXEIRA DE MIRANDA | 1832 | 7 |
| CORONEL JOSE JUSTINO GOMES | 1831 | 5 |
| CORONEL AGOSTINHO JOSÉ FERREIRA | 1838 | 4 |

| CHEFE DO FOGO | PERÍODO | NÚMERO DE ESCRAVOS |
|---|---|---|
| CADETE TEOTÔNIO DE SOUSA GUERRA | 1831 | 3 |
| JULIÃO ALEXANDRE CARDOSO | 1831 | 2 |
| CAPITÃO JOSÉ DE SOUSA LOBO | 1838 | 1 |
| REVERENDO ANTÔNIO JOSÉ RIBEIRO BHERING | 1831 | 1 |
| TOTAL | | 374 |

Os dados para os dois maiores plantéis são surpreendentes e reforçam a observação de Francisco Andrade de que "Os senhores poderosos de Mariana", e não apenas daquele Termo, "alguns com assento na Câmara", envolver-se-ão diretamente na Sedição de 1831-33.[27] Os critérios escolhidos para definir o tamanho das posses foram os utilizados por Clotilde Paiva, elaborados pela autora especificamente para a realidade das Minas oitocentistas: de 1 a 3 escravos, pequenos plantéis; de 4 a 10 médios plantéis; de 11 a 49, grandes plantéis e os com mais de 50 escravos foram considerados plantéis muito grandes.

Tabela 5. Estrutura dos plantéis dos sediciosos localizados nos Censos

| PROPRIEDADES | TOTAL DE FOGOS | | TOTAL DE ESCRAVOS | |
|---|---|---|---|---|
| | ABS | % | ABS | % |
| Pequenas | 4 | 21 | 7 | 2 |
| Médias | 6 | 32 | 41 | 11 |
| Grandes | 7 | 37 | 117 | 31 |
| Muito grandes | 2 | 11 | 209 | 56 |
| Total | 19 | 100 | 374 | 100 |

A situação dos sediciosos mineiros, proprietários de escravos, não se enquadrava no perfil da distribuição da propriedade verificada para a província como um todo, onde ". . . havia um predomínio absoluto de fogos sem escravos".[28] De acordo com as informações disponíveis, dois terços das unidades eram integradas apenas por pessoas livres o que significa que apenas 32,5% dos chefes de fogos tinham pelo menos um escravo listado dentro da unidade. Os ". . . escravistas mineiros eram em sua grande maioria pequenos proprietários. Cerca de 1/4 dos fogos possuía apenas um cativo e mais da metade deles tinha até três escravos. A presença de proprietários de grandes plantéis era muito baixa. Foram contabilizados apenas 199 fogos com número de cativos superior a

---

[27] Francisco Eduardo Andrade. Op. cit., p. 134.
[28] Clotilde Andrade Paiva. Op. cit., p. 103.

112   UMA TENTATIVA DE RECONSTITUIÇÃO

50 no total dos 20 429 que possuíam escravos".[29] A maioria dos grandes proprietários se concentrava na antigas regiões mineradoras, e suas unidades produtivas se enquadravam no modelo da "grande fazenda mineira":

"... ou «fazenda mista», dotadas de grandes plantéis escravos e dedicadas a um leque bem diversificado de atividades. Em geral apresentadas como unidades auto-suficientes estas fazendas são descritas como de grande vulto, envolvendo um grande número de escravos e agregados. Nelas vamos encontrar ao lado da produção agropecuária um número diversificado de artesãos, uma expressiva produção de farinhas e de derivados da cana além de importante mineração."[30]

A origem étnica dos escravos foi sub-registrada nos censos (ver Tabela 7, em Anexo). Porém, se verificarmos as altas razões de masculinidade e a faixa etária dos cativos, com significativa concentração dos adultos em idade produtiva — de 15 a 45 anos, prevalecendo aqueles entre 16 e 30 anos — temos forte evidência da participação, pelo menos dos sediciosos mais abastados, no tráfico internacional de escravos:

Tabela 6. Distribuição por sexos dos escravos dos fogos dos sediciosos localizados nos Censos

| SEXOS | CONTAGEM | |
|---|---|---|
| | ABS | % |
| Homem | 239 | 64 |
| Mulher | 135 | 36 |
| Total | 374 | 100 |
| Razão de masculinidade | 177 | |

Tabela 7. Faixas etárias dos escravos dos fogos dos sediciosos localizados nos Censos

| FAIXA ETÁRIA | CONTAGEM | |
|---|---|---|
| | ABS | % |
| De 0 a 5 anos | 20 | 5 |
| De 6 a 15 anos | 75 | 20 |
| De 16 a 30 anos | 166 | 44 |
| De 31 a 45 anos | 63 | 17 |
| De 46 a 60 anos | 42 | 11 |
| 61 anos ou mais | 8 | 2 |
| Total | 374 | 100 |

---

[29] Clotilde Andrade Paiva. Op. cit., p. 103.
[30] Ibidem, p. 137.

DO PERFIL SÓCIOECONÔMICO DOS SEDICIOSOS 113

Tabela 8. Condições dos habitantes nos fogos dos sediciosos localizados nos Censos

| CONDIÇÃO | CONTAGEM | |
|---|---|---|
| | ABS | % |
| Escravos | 374 | 66,7 |
| Forros | 1 | 0,2 |
| Livres | 96 | 17,1 |
| Quartados | 16 | 2,9 |
| Não informados | 74 | 13,2 |
| Total | 561 | 100 |

Tabela 9. Situação familiar dos habirantes dos fogos dos sediciosos

| RELAÇÃO FAMILIAR | CONTAGEM | |
|---|---|---|
| | ABS | % |
| Chefe ou parente | 81 | 14 |
| Livre não parente | 105 | 19 |
| Escravos | 347 | 62 |
| Sem informação | 28 | 5 |
| Total | 561 | 100 |

Tabela 10. Ocupações dos agregados e outros indivíduos livres não parentes nos fogos dos sediciosos

| OCUPAÇÕES | CONTAGEM | |
|---|---|---|
| | ABS | % |
| Administrador | 1 | 1 |
| Alfaiate | 1 | 1 |
| Alfaiate, aprendiz de | 1 | 1 |
| Carpinteiro | 2 | 2 |
| Carreiro | 1 | 1 |
| Costureira | 6 | 6 |
| Cozinheira | 2 | 2 |
| Desocupado | 1 | 1 |
| Estudante | 10 | 10 |
| Fazendeiro | 1 | 1 |
| Feitor | 5 | 5 |
| Fiadeira | 11 | 10 |
| Jornaleiro | 14 | 13 |
| Lavrador | 1 | 1 |
| Mineiro | 5 | 5 |
| Músico | 2 | 2 |
| Rendeira | 1 | 1 |
| Viajante | 1 | 1 |
| Sem informação | 39 | 37 |
| Total | 105 | 100 |

De acordo com os dados, portanto, e sem considerar a distribuição dos agregados, parentes ou não, pelas diferentes posses de escravos, o que se percebe é que o trabalho livre é que aparece como complementar ao escravo.

Chama a atenção o registro de dezesseis quartados[31] (ver Quadro 2, em Anexo), todos eles moradores no domicílio do Tenente-Coronel José de Sá Bitencourt. As razões que levaram o grande proprietário de Caeté a optar por essa forma de manumissão, deve relacionar-se, além do interesse pecuniário, à possibilidade de "criar dependentes", visto que todos residiam no domicílio de José Bitencourt. Infelizmente, não temos informações sobre se alguns desses "libertandos" engrossaram as fileiras da Revolta em Caeté.[32]

## Potentados e médios proprietários

Ao lado do Coronel José de Sá Bitencourt, encontra-se entre os grandes proprietários de escravos acusados de conspiração, o já referido Coronel do Exército João Luciano de Sousa Guerra Araújo. Sua atuação merece destaque pois João Luciano aparece, já em 1831, como uma das lideranças dos protestos havidos em Santa Rita do Turvo. Aliás, sua participação naquele momento parecia decisiva para o êxito militar do movimento pois seria o responsável pelo armamento dos sediciosos:

"Disse mais que ouvira ele, testemunha, dissera Davi da Silva Pereira Coelho que o dito Capitão João Batista, digo, João Francisco, lhe dissera que o Coronel João Luciano tinha dez arrobas de pólvora

---

[31] Assim define Manuela Carneiro da Cunha a quartação ou coartação: "Tratava-se de concordar com um preço que o escravo devia pagar a seu senhor, em várias prestações. A partir desse acordo, o escravo passava a uma condição intermediária, nem alforriado nem escravo, mas, se fosse seguida a argumentação de Perdigão Malheiro, já com vários privilégios de livre". 1985, p. 36. Sobre a quartações em Minas Gerais no século XIX ver: Andréa Lisly Gonçalves. *As margens da liberdade: práticas de alforria em Minas colonial e imperial*. Doutorado. São Paulo: FFLCH/USP, 2000.

[32] O tenente-coronel parecia inclinar-se por formas mais "insólitas" de manumissão: "Digo eu João Luciano de Sousa Guerra Araújo Godinho, que sou senhor de uma moça de uma mulatinha de M digo mulatinha de nome Mariana filha de minha escrava de nome Rosa parda, cuja mulatinha terá o valor nesta ocasião de cinqüenta mil réis e neste mesmo valor faço dela pura doação a minha filha dona Ana Teresa por ter feito o contrato com a mãe da mulatinha, que dando um filho ou filha para cada dos meus filhos seria forra tendo dado aos demais filhos não tinha dado a minha filha dona Ana e por isso desde já fica sendo uma a ante dita mulatinha de nome Mariana e em troca com ele ou seu preço para sua herança querendo herdar de mim, e porque foi esta doação feita ao tempo em que foi batizada e não lhe passei papel, agora o faço para seu título e conservação de seu direito. Cidade de Mariana aos doze de dezembro de mil oitocentos e trinta e oito". Inventário, fl. 57.

e quarenta de chumbo e que pretendia mandar-lhe pedir meia arroba pelo que, pela nenhuma feição que o dito capitão-mor e capitão João Francisco [tem pela] atual forma de governo, supõe ele, testemunha que eles são entrados na desordem, sendo certo que esta discórdia foi muito dantes premeditada."³³

Apenas pelo excerto acima não fica clara a adesão do potentado nas mobilizações naqueles anos iniciais da Regência. Mas não faltam evidências da sua participação. Assim, em abril de 1833, o juiz de paz do Presídio de São João Batista oficiava ao presidente da província Inácio de Melo e Sousa e à Câmara Municipal da Vila do Pomba que:

"De acordo com os juízes de paz de Santa Rita do Turvo, Conceição do Turvo e São João do Barroso, ficamos inteligenciados, em mútua correspondência a bem de conservar a tranqüilidade pública: para o que também me inteligenciei com o juiz de paz de São Miguel de Arrepiados a fim de não obedecer a qualquer ordem do Governo intruso; e de João Luciano, e Esteves Lima (esses quais sediciosos) e quando se visse por eles perseguido, que se unissem a este Distrito a coadjuvarmos a boa ordem, pois que aqui felizmente não foi perturbada."³⁴

Mas o apoio decisivo, prestado por João Luciano ao movimento rebelde, veio de sua participação como vereador da Câmara de Mariana, cargo cujo exercício priorizou ao renunciar à função de juiz de paz de Tapera que o impedia de comparecer às reuniões daquela edilidade:³⁵

"Leu-se uma representação do juiz de paz da Tapera o Coronel João Luciano de Sousa Guerra pedindo a sua demissão de juiz de paz da Tapera, por ser incompatível com o acumular dois empregos quais o de vereador e juiz de paz cujos empregos tem servido, e posta a matéria a discussão, tendo-se retirado o Senhor Guerra foi unanimemente resolvido que fosse escuso do cargo de juiz de paz à vista das razões que expande."³⁶

---
³³ Arquivo Histórico da Casa Setecentista. Códice 191, auto 4780, 2.º ofício. Francisco Xavier e outros, 1832. Sedição em Santa Rita do Pomba.
³⁴ *Revista do Arquivo Público Mineiro*, p. 158.
³⁵ "Leu-se um ofício [. . .] do Senhor Coronel João Luciano de Sousa Guerra [de 12 de abril de 1833], declarando os impedimentos pelos quais ainda não pode comparecer. . .". *RAPM*, p. 139.
³⁶ *RAPM*, p. 153.

É sobretudo durante o "Governo de Ouro Preto" que João Luciano de Sousa Guerra participa ativamente das sessões da Câmara de Mariana, sendo dele a iniciativa de arquivar o ofício enviado pelo vice-governador deposto que ordenava à câmara daquela Leal Cidade que remetesse à Vila de São João del-Rei, sede do governo legal, as atas "que se procedeu nos Colégios deste Município",[37] bem como alguns impressos, enviados pela mesma autoridade aos juízes de paz da região, cujo teor não é especificado no documento:

> "O Senhor Guerra que havia pedido na sessão de ontem o adiamento para falar sobre outro ofício do mesmo Bernardo Pereira de Vasconcelos com data de oito de abril do corrente, leu-se o parecer seguinte: Que esta Câmara firme em seus princípios no que deliberou em sessão do dia vinte e três de março próximo passado pelo ofício que ela transmitiu ao Senhor Presidente Manuel Inácio de Melo e Sousa [. . .] e que fiquem no Arquivo os impressos e o ofício."[38]

Aos 62 anos, morador no distrito de Tapera, termo de Mariana, o Coronel João Luciano possuía, em 1831, 98 escravos, conforme mostra a Tabela 4. Não há uma informação sequer sobre a ocupação de seus cativos. Porém, a considerar como correto o registro de ocupação feito pelo funcionário que reuniu as informações sobre o domicílio de João Luciano Guerra, de que seu chefe era "engenheiro de cana", ou seja, dono de engenho e lavrador, supõe-se que boa parte de sua mão-de-obra se encontrasse engajada nessas atividades, ainda que seu nome não conste da "Relação de engenhos e casas de negócios do ano de 1836". É bem possível que pelo elevado número de escravos e por se encontrar em uma região que concentrava o maior número de engenhos da província — 263, seguida por Sabará com 157[39] — o Coronel João Luciano se enquadraria naquela realidade, descrita por Clotilde Paiva & Marcelo Magalhães Godoy, em que ". . . os trabalhos do engenho aparecem com destaque, ocupando uma grande escravaria [. . .] apesar de também conviverem com outras atividades".[40] Tal constatação

---
[37] *RAPM*, p. 146.
[38] Ibidem, p. 148.
[39] Clotilde Andrade Paiva & Marcelo Magalhães Godoy. Engenhos e casas de negócios na Minas oitocentista. *VI Seminário sobre a economia mineira*. Diamantina: Cedeplar/UFMG, 1992, p. 38. O nome do presidente da província, deposto em março de 1833, Manuel Inácio de Melo e Sousa, aparece entre os proprietários de engenhos movidos a bois. "Relação dos engenhos e casas de negócio". . .
[40] Clotilde Andrade Paiva & Marcelo Magalhães Godoy. Engenhos e casas de negócios. . ., cit., p. 35.

nos parece importante porque o cultivo da cana-de-açúcar e a produção da aguardente constituíam o tipo de atividade que concorria para a "articulação e integração da sociedade mineira provincial"[41]

O exame do inventário, aberto em junho de 1866, ano de sua morte — João Luciano Guerra morrera sem deixar testamento, o que desencadeou uma disputa acirradíssima pelo espólio, não apenas entre seus herdeiros, diretos e indiretos, mas também entre seus credores instalados na Corte, o que aponta para a abrangência dos negócios de um grande escravista mineiro — demonstra que além de proprietário de engenho, cujos instrumentos remanescem entre os herdeiros presuntivos,[42] bem como uma fazenda com o sugestivo nome de "Engenho", o coronel desenvolvera atividades criatórias. O longevo conspirador morre aos 94 anos, a se acreditar em um dos representantes de seus herdeiros com "as faculdades mentais enfraquecidas" a ponto de fazer doação de escravas falecidas há muito tempo...[43]

Infelizmente, não dispomos de informações adicionais para todos os sediciosos, além das encontradas nas *Listas Nominativas* ou em registros esparsos na documentação "qualitativa".

Dos insurgentes de posses consideradas grandes — de onze a cinqüenta escravos — conhecemos um pouco mais sobre o comandante da

---

[41] Ibidem, p. 29.

[42] "Os animais vendidos pelo suplicante [João Ferreira da Silva, neto do finado coronel] foram aplicados à solução dessas duas dívidas, e, por conseguinte, não pode haver à colação seus valores, visto não ter o suplicante não se apropriou de trastes do engenho, e seria para desejar-se que fossem inventariados os de seu avô, e ainda [...] os do vigário Guerra que foram conduzidas". Inventário, fl. 37.

[43] Inventário, fls. 40 e 40v. "O documento que a herdeira Dona Maria José de Sousa Guerra juntou este inventário à folha 34 para eximir-se da obrigação de dar a avaliação às escravas Joana, Placedina e seus filhos, nenhum valor tem pelo que se passa a expor. Joana e Placedina faleceram, como se prova com as certidões juntas, esta a 28 de agosto de 1855, e aquela aos 19 de junho de 1850. O documento à folha 34 é datado de 23 de julho de 1864, época em que já eram falecidas ambas as escravas e em que o finado Coronel João Luciano de Sousa Guerra se achava com as faculdades mentais enfraquecidas a ponto de não ter consciência de que faria pela avançada idade de 90 e tantos anos a que tinha chegado. A doação, quando mesmo desejável, recaiu em escravas que já não existiam há muitos anos, e não podendo vigorar quanto à produção havida tanto antes do falecimento delas...". Apenas a título de curiosidade, vale mencionar que localizamos entre os registros de Termos de Prisão um documento em que um proprietário de escravos é preso, juntamente com um de seus escravos, em 1824, por atirar no Coronel João Luciano Guerra: "Aos trinta e um dias do mês de julho de mil oitocentos e vinte e quatro anos nesta Leal cidade de Mariana em a cadeia dela achei presos de grades a dentro Joaquim José de Santa Ana e o seu escravo Antônio Congo ou Angola por se acharem culpados na Devassa ex ofício tirada pelo tiro dado no Coronel João Luciano de Sousa Guerra Araújo Godinho como tudo consta da dita devassa que se acha em meu cartório". Assento de prisão feito a Joaquim de Santa Ana e seu escravo Antônio Congo ou Angola. Livro de Termos de Prisão, códice 167, fl. 190. Arquivo da Câmara Municipal de Mariana.

Guarda Nacional Ildefonso José Pereira, Francisco Silvério Teixeira — que aparece no capítulo anterior, acusado de liderar a revolta de escravos em Carrancas —, seu sobrinho o Sargento-Mor Luís Maria da Silva Pinto e Antônio José de Sousa Guimarães. Às autoridades locais de Santa Rita do Turvo, alinhadas com o governo legal, parecia inconcebível que um cidadão destacado para compor o oficialato da Guarda Nacional pudesse aderir aos sediciosos, como teria sido o caso do Capitão Ildefonso José Pereira:

"Il.mo Sr. Antônio Belfort de Arantes juiz de paz do distrito do Turvo, termo de Baependi vem representar a V.Ex.ª o mau procedimento que tem tido o Capitão Idelfonso Pereira na presente ocasião, por quanto requisitando-lhe o representante alguns guardas nacionais para auxiliar as rondas de seu distrito, aquele capitão com tergiversações se negava a esta requisição, prestando apenas três dias, seis guardas, e depois passou a fazer ao representante o ofício junto, no qual não se peja de alegar falsos e cavilosos pretextos, a fim de se eximir do cumprimento do seu dever, tendo até o desacordo de desobedecer ao seu próprio chefe [. . .]."[44]

Sua adesão aos distúrbios demonstra que a atuação da "milícia cidadã" nem sempre correspondeu aos planos traçados para ela, qual seja o de reprimir as revoltas que eclodiram no Período Regencial, sobretudo nos primeiros anos que se seguem à sua criação:

". . . acrescendo que este capitão, na presente conjuntura [Santa Rita do Turvo 4/5/1833] em vez de desenvolver princípios, que bem caracterizem ao verdadeiro Patriota, tem, pelo contrário se tornado conivente com os Sediciosos do Ouro Preto despersuadindo aos guardas para não pegarem em armas em defesa da Legalidade Ofendida, ao passo que tem pretendido induzir a outros para se unir aos desordeiros, portando-se sempre como um mau cidadão, perigoso naquele curato, pela influência que pode ter na companhia que comanda em razão do seu cargo."[45]

---

[44] *RAPM*, p. 184. O juiz de paz Antônio Belfort de Arantes, à semelhança de alguns sediciosos, como se verá, era traficante de escravos. Entre 1826 e 1828 ele teria remetido sessenta escravos da Corte para Minas Gerais, conforme se conclui com base nos dados contidos no "Registro de despachos de escravos e passaportes emitidos pela Intendência de Polícia da Corte entre 1819 e 1833" sobre o qual falaremos mais adiante.

[45] *RAPM*, p. 184.

Situação mais condenável, aos olhos das autoridades, talvez fosse a de Francisco Silvério Teixeira, morador na Vila Verde da Campanha que, como vimos, foi acusado de sublevar os escravos em Carrancas. As autoridades encarregadas de apurar os fatos ocorridos em uma das freguesias da comarca do Rio das Mortes, não tinham dúvidas sobre ser ele, não obstante a sua condição de proprietário de quinze escravos, "o motor de toda esta desordem". Francisco Silvério era "o homem das estradas", o que significa dizer que não se limitava a conspirar entre quatro paredes. Assim, depois de retornar de Ouro Preto, exatamente no dia 22 de março, onde estivera com seu sobrinho o Sargento-Mor Luís Maria da Silva Pinto (proprietário de onze escravos, cinco deles africanos):

"... que dali [Ouro Preto] voltou passando por Carrancas para sua casa e voltou a essa Vila; tornou vindo pela ponte nova; chegou à sua casa e, tendo unicamente a demora de cinco dias não se poupou a fadiga de correr todo o curato: empreende nova jornada pra essa mesma Vila de São João, procura nova estrada e aparece nesta fazenda em o dia 19 ao nascer do sol sem dizer de onde vinha, dia dos fatais sucessos; segue na jornada sem dizer para onde ia, e nesta vai publicando o triste acontecimento dizendo sabia [que] dele por o escravo que veio à casa avisar da morte de Gabriel; isto disse a Francisco José de Andrade e Melo, e outros, e sendo perguntado o escravo se havia encontrado respondeu que não o tinha visto, com pessoa alguma."[46]

Fora dele, como já se viu, que o escravo Ventura Mina ouvira que "... os brancos de Ouro Preto não queriam cativeiro como os de cá; que aqueles tinham vaqueiros (termo de que se serviu o Africano) e peças (o crioulo) amontoadas pelas ruas para matarem a todos os brancos que de cá fossem e que restava que os negros fizessem por aqui o mesmo aos brancos que ficaram, e que isso concordava com o conselho dado por um certo Araújo vendedor de couros, morador em Pitangui, o que tudo fez com que rompessem no excesso praticado por eles".[47]

Sobre Antônio José de Sousa Guimarães, proprietário de treze escravos em 1832, sabemos que teve o posto de alferes da Companhia de Ordenança do distrito da capela de Santa Ana do Capivari, na comarca do Rio das Mortes, confirmado em 1803.[48]

---

[46] Ibidem, p. 173.  [47] Ibidem, p. 174.
[48] Documentos Avulsos relativos a Minas Gerais existentes no Arquivo Histórico Ultramarino (Lisboa). Projeto Resgate de Documentação Histórica Barão do Rio Branco. Ministério da Cultura, Brasil. Instituto de Investigação Científica Tropical, Lisboa. Cx. 168, doc. 5 (digitalizado).

Para os sediciosos que ocupavam situação socioeconômica intermediária encontramos algumas informações apenas sobre o Tenente-Coronel Pedro Muzi de Barros (nove escravos). Pedro Muzi servira no posto de tenente do Regimento de Infantaria de Angola até o ano de 1801, quando tinha 29 anos. Naquele ano era transferido para a Companhia de Caçadores da Capitania de Minas Gerais. Em requerimento enviado ao Conselho Ultramarino, Pedro Muzi argumentava que a permuta para a Companhia de Caçadores da Capitania de Minas Gerais implicava a "... indispensável precisão de fazer transportar do Reino de Angola, a sua família, que conta de mulher filhos, escravos que os servem, para Minas Gerais". Depois de afirmar que não pretende separar-se de sua família o tenente revela o assunto que o move a se dirigir à Coroa: a dispensa de pagar sobre os seus escravos os direitos devidos no seu ingresso no Brasil. A alternativa de vendê-los antes de sua partida da África era dos inconvenientes o maior, uma vez que haveria de sê-lo "... indubitavelmente por um preço muito módico, que jamais corresponderá à metade da importância com que comprará em Minas Gerais".

Pedro Muzi revela, como se vem afirmando, a impossibilidade de os militares viverem apenas de seus soldos (ainda que apóie seu pedido na suposição de que os escravos sejam domésticos, ou da família): "... como os escravos que possui, interessam tanto ao seu serviço, [...] não podendo tirar do soldo, que vai vencer o subsídio necessário, para a sua subsistência, de sua mulher e de seus filhos, ao acréscimo que necessitar para os comprar, segundo o valor em que são reputados nas ditas Minas Gerais". E termina rogando rogando à Coroa que "... atendendo as justas razões expostas, seja servido mandar expedir as ordens competentes para que os escravos do suplicante que se compreendem na sua família, possam livres de pagarem os direitos na alfândega, a que estão sujeitos, todos aqueles que são importados daquele Reino, como gênero de comércio, pois só assim não lhe será tão penoso o seu transporte a Minas, e mais suave, a permutação de sua casa e família".[49]

A disposição inicial do Conselho Ultramarino é de indeferir o pedido, não em razão de que o número de escravos de propriedade do tenente fosse expressivo "22 entre machos, fêmeas, velhos, moços,

---

[49] "Requerimento de Pedro Muzi de Barros, tenente do Regimento de Infantaria de Angola, transferido para a Companhia de Caçadores da Capitania de Minas Gerais, solicitando que sua família e escravos não paguem os direitos de alfândega, quando forem transferidos para o Brasil". Documentos avulsos relativos a Minas Gerais existentes no Arquivo Histórico Ultramarino (Lisboa). Projeto Resgate de Documentação Histórica Barão do Rio Branco. Ministério da Cultura, Brasil. Instituto de Investigação Científica Tropical, Lisboa. Cx. 160, doc. 124 (digitalizado).

# DO PERFIL SÓCIOECONÔMICO DOS SEDICIOSOS 121

rapazes, raparigas e crianças", mas pelo perigo do precedente criado. Ao final, o militar envolvido na Sedição de 1833,[50] terá seu requerimento aprovado.

A se levar em conta o número de escravos de Pedro Muzi de Barros em 1831, apenas nove, e sem considerar outros fatores, eram procedentes as suas preocupações relativas às dificuldades de aquisição de escravos em Minas Gerais, mesmo após o declínio da atividade mineradora.

## As "classes heterogêneas"

Julião Alexandre Cardoso possuía dois escravos, era negociante e morador no arraial de São Joaquim, Santa Rita do Turvo. Ainda que seu nome não apareça em nenhum dos processos-crime que apuraram as mobilizações em Santa Rita do Turvo em 1831, por nós analisados — o que não nos impede que o associe aos dois momentos da Sedição de 1831-1833 — ele é alvo das queixas do juiz de paz do Presídio de São Joaquim, segundo o qual Julião Alexandre pronunciava "boatos que muito progadita [sic] a causa pública tanto é assim que alguns também aqui residentes têm-se deixado ir pela opinião daquele pois tem dito e diz que Pedro primeiro ainda há de voltar e imperar no Brasil".[51]

Ainda segundo o juiz de paz, já em setembro de 1831 Julião Alexandre tentava convencer alguns moradores do distrito, através de uma notícia publicada no n.º 594 do jornal *O Astro*, da volta do ex-imperador que "se achava no Império para Governar".[52]

Em maio de 1833, já juiz de paz suplente, Julião é desautorizado pelo titular do cargo por suspeita de envolvimento na Sedição de Ouro Preto: "Faço saber a todos os moradores deste Distrito [. . .] que não devem reconhecer nem prestarem serviço algum a Julião Cardoso como juiz de paz suplente".

Mas nem todos os envolvidos, militares, ou não, gozavam da condição de proprietários de escravos. Nessa situação se enquadravam os três sediciosos pardos que constam das *Listas Nominativas*: Antônio de Sousa Guimarães, morador no distrito de Nossa Senhora do Desterro, de sessenta anos; o lavrador Francisco Xavier Mundim, morador em Santa Rita do Turvo, de cinqüenta anos, casado com uma ex-escrava, e Miguel

---

[50] Seu nome consta da "Relação de todos os militares da 1.ª e 2.ª Linha, que vencem soldo, os quais foram pronunciados no dia 10 de junho de 1833 na Devassa, que se procedeu nesta Imperial cidade pela sedição de 22 de março do mesmo ano, que se acham presos na Cadeia desta Cidade [Ouro Preto, 15/7/1833]". *RAPM*, pp. 217-8.
[51] *RAPM*, p. 182.
[52] Ibidem.

Rodrigues Bragança, morador em Caeté, lavrador, viúvo de sessenta e seis anos.

Já os Alferes Bernardo Teixeira Ruas e o Sargento-Mor Joaquim José Gonçalves Serra eram brancos, mas, de acordo com os dados da Lista Nominativa, também não possuíam um único escravo e certamente dependiam de sua remuneração no exercício de suas patentes para sobreviverem, o que mostra que o termo *tropa* abrigava elementos egressos das mais diferentes camadas sociais, o que merece ser considerado. Os dois militares foram condenados ao degredo. O Alferes Bernardo José Teixeira Ruas foi pronunciado no dia 10 de junho de 1833 e se encontrava preso na cadeia de Ouro Preto,[53] lugar onde residia. A 5 de janeiro de 1835 teve sua pena de prisão comutada para a de degredo, ao que parece, de acordo com o ofício do presidente da província, João Batista de Figueiredo para o Rio de Janeiro:

"Recebi o ofício que V.Ex.ª me dirigiu com o fecho de 17 de outubro passado, incluindo os decretos pelos quais a Regência do Império houve por bem comutar em desterro para esta província a pena em que foi condenado o Padre João Honório de Magalhães Gomes, e na de degredo também para esta província a que foi imposta a Bernardo José Teixeira Ruas os quais V.Ex.ª enviou para esta capital acompanhados por uma escolta de permanentes; e asseguro a V.Ex.ª que expedirei as convenientes ordens às autoridades competentes a fim de que tenham a devida execução os referidos decretos".[54]

O Sargento-Mor Joaquim José Gonçalves Serra, morador em Mariana, era natural de Portugal. No dia 25 de fevereiro de 1835 ele recorre da comutação da pena de onze anos de prisão para o degredo em Cuiabá, alegando não apenas achar-se enfermo e em idade avançada para "tão longa e inóspita" viagem, mas também, e o que revela o clima de intensa lusofobia mesmo após a morte do primeiro imperador, "... porque ainda há pouco ali em Cuiabá foi assassinado um meu irmão lá estabelecido, só pelo fato de haver nascido em Portugal" o que levava o sargento-mor viúvo a ponderar que "ele [seu irmão] tinha ali filhos, e família, nada disso lhe valeu, o que deverei eu desgraçado esperar?". E termina sua súplica retificando um pedido anterior de "comutação da pena para a província do Espírito Santo" pelo incondicional perdão.[55]

---

[53] "Relação de todos os militares da 1.ª e 2.ª Linha...", cit. *RAPM*, pp. 217-8.
[54] *RAPM*, p. 256.
[55] Ibidem, p. 261.

O sargento-mor referia-se, certamente, às arruaças acontecidas na noite do dia 30 para 31 de maio de 1834, quando, aos gritos de *Mata-Bicudo*, um grupo facinoroso ocupou as ruas de Cuiabá, assassinando diversos portugueses e brasileiros adotivos. Liderado pelo Deputado Antônio Luís Patrício da Silva Manso, as movimentações assumiram o caráter de insurreição, na qual não faltou o costume que marcou as festas do período colonial ao se obrigarem os moradores a acenderem luminárias em celebração aos amotinados. Somente cerca de quatro meses após o início dos distúrbios, a 4 de setembro, as forças policiais conseguiram controlar a situação ao efetuar a prisão das lideranças sediciosas.[56]

Um outro conjunto documental consultado foi o banco de dados organizado por João Luiz Ribeiro Fragoso e José Roberto Góes, com base no registro de despachos de escravos e passaportes emitidos pela Intendência de Polícia da Corte entre 1819 e 1833, num total de 43 volumes depositados no Arquivo Nacional.[57]

As fontes informam sobre o responsável pelo despacho ou passaporte; sobre seus acompanhantes, de condição jurídica livre; sobre o responsável pela tropa; sobre os escravos, atestadores e fiadores (que confirmam as informações prestadas nos documentos) e sobre os funcionários da Polícia.

A emissão dos documentos correspondia ao objetivo da Polícia da Corte de ". . . manter um controle, através da emissão de despachos e passaportes, sobre circulação de pessoas, mercadorias e escravos saídos do Rio de Janeiro".[58] Assim se procedia com os viajantes que pretendiam passar ". . . «às Minas e outras povoações do interior saindo das Capitanias Marítimas [e] da Corte»".[59]

O estudo dessas fontes permite, além da análise das flutuações do tráfico atlântico de escravos e sua distribuição pelos mercados regionais ligados ao porto do Rio de Janeiro, do cruzamento entre os ciclos

---

[56] Sobre a insurreição ver o verbete *lusofobia* em Ronaldo Vainfas (org.). *Dicionário do Brasil Imperial (1822-1889)*. Rio de Janeiro: Objetiva, 2002.
[57] Os dados digitalizados do "Registro de despachos de escravos e passaportes emitidos pela Intendência de Polícia da Corte entre 1819 e 1833" me foram gentilmente cedidos por Roberto Guedes Ferreira e Roberto Borges Martins. Agradeço, mais uma vez, a José Guilherme Ribeiro pela sistematização dos dados para Minas Gerais. As considerações sobre o referido *corpus* documental foram extraídas do texto de Roberto Guedes Ferreira & João Luís R. Fragoso: Alegrias e artimanhas de uma fonte seriada. Os códices 390, 421, 424 e 425: despachos de escravos e passaportes da Intendência de Polícia da Corte, 1819-1833. In: Tarcísio Rodrigues Botelho et al. (orgs.). Op. cit., pp. 239-78.
[58] Ibidem, pp. 241-2.
[59] Ibidem, p. 241. Para o ano de 1823, há informações da existência de um livro apenas para lançar os dados sobre Minas Gerais mas que ainda não foi localizado, como informam os coordenadores do Projeto.

agrários de regiões "escravistas ou parcialmente escravistas" do Sul e Sudeste com os ritmos do comércio internacional de cativos, da identificação de estruturas dos mercados locais de cativos (pelo número de escravos despachados por tropa, anualmente, e de sua distribuição por traficantes), da demografia dos escravos vendidos (sexo, idade, procedência africana, traços físicos, etc.), dos fluxos de migrações entre a Corte e as demais áreas do Sudeste (pelos passaportes), o esboço, também pelos passaportes, das hierarquias social e econômica da sociedade escravista, por meio de informações como estatuto jurídico, profissão, residência.

Dessa forma, é possível estabelecer alguns aspectos dos mercados regionais de escravos (Sudeste e Sul) abastecidos pelo porto carioca, com destaque para as diversas categorias de cativos, divididos entre os novos, sem nome cristão; os ladinos comercializados, sobre os quais não é possível dizer o tempo em que se encontram no Brasil; os escravos que acompanhavam as tropas vindo de várias áreas do Sudeste e Sul do Brasil ("escravos que trouxe"); os cativos marinheiros (do comércio de cabotagem) e as "crias" e filhos de escravos ladinos ou novos.

Os anos entre 1824 e 1830 aparecem como os de maior incidência de transações envolvendo escravos, o que se explica pela postura "preventiva", ou de "formação de estoques" dos escravistas, adotada como reação à assinatura de acordos que visavam à cessação do tráfico internacional de cativos. No mesmo intervalo de tempo se ". . . constata que a capitania de Minas Gerais [. . .] foi a que mais comprou cativos no dito comércio, absorvendo mais de 22% dos novos desembarcados na praça carioca".[60] A participação de Minas no tráfico de escravos é ainda mais decisiva quando o recorte cronológico se estende até 1833, período em que a província ". . . recebeu 59.040 (40,7%) dos 145.158 escravos saídos da Corte. O que estes índices apontam é que a capitania/província mineira dominava na época os despachos gerais de escravos da Corte, quer de novos ou ladinos".[61]

Porém, os registros feitos entre 1819 e 1822, tendem a subestimar a participação de Minas Gerais no tráfico de cativos, o que se explicaria pelo fato de o imposto cobrado sobre a comercialização do escravo no Rio de Janeiro, 0$40, representar um quarto do cobrado sobre os escravos que passavam à província interiorana. As suspeitas de que a tributação sobre os cativos comercializados poderia levar ao sub-registro dos que se dirigiam para as Minas se reforçam quando se constata que não

---

[60] *RAPM*, p. 247.
[61] Ibidem.

apenas a grande maioria de tropeiros vinha de Minas, algo em torno de 60,6%, e de que todos os escravos conduzidos por tropeiros mineiros "destinavam-se" a Resende (onde o imposto era mais baixo), mas também pelo fato de que quando as taxas são unificadas, por decisão do imperador, Minas passa a liderar o tráfico.

As informações contidas nos documentos em foco permitem algumas conclusões sobre a "demografia" do tráfico interno de cativos. A primeira, de que, à semelhança do tráfico internacional, predominavam os homens sobre as mulheres. A conclusão não parece tão óbvia uma vez que os escravos predominavam sobre as escravas mesmo em se tratando de crioulos. Como era de se esperar, em razão das informações mais recentes sobre o tráfico internacional,[62] a maioria dos mancípios comercializada provinha da África Central Atlântica.

As fontes são reveladoras, ainda, da atuação das tropas comerciais no mercado do Rio de Janeiro, prevalecendo, em termos absolutos, a pequena remessa de cativos "... ou seja, as pequenas tropas que transportavam de um a dois cativos" (responsável pela remessa de 9% dos cativos)".[63] Ao lado dessas, encontrar-se-ia o grupo responsável pelo envio de quase a metade de cativos remetidos no período e que despachavam, a cada vez, de onze a cinqüenta escravos. Os maiores traficantes, que representavam 3% dos tropeiros e eram responsáveis por cerca de um terço do envio de cativos, remetiam mais de 51 homens e mulheres "... número suficiente para estabelecer, segundo os padrões de finais do século XVIII, um engenho de açúcar de porte dos do Rio de Janeiro ou uma fazenda média de café no médio Vale do Paraíba no Oitocentos".[64] Os dados revelam, assim, a grande concentração do mercado de escravos nas primeiras décadas do século XIX, apesar da predominância de "empresários eventuais". José Roberto Góes & João Fragoso trabalham com a hipótese de que os mesmos comerciantes que controlavam o tráfico internacional eram responsáveis pelo grosso do comércio interno de cativos.

Dado o predomínio de tropeiros de Minas Gerais no transporte de escravos do Rio de Janeiro para a província central, não é de se estranhar que o segundo maior vendedor de escravos no tráfico interno fosse José Francisco de Mesquita, futuro Marquês de Bonfim, natural de Congonhas do Campo.

---

[62] Sobre o tema ver: Manolo Garcia Florentino. *Em costas negras: uma história do Tráfico Atlântico de Escravos entre a África e o Rio de Janeiro (séculos XVIII e XIX)*. Rio de Janeiro: Arquivo Nacional, 1995.
[63] Ibidem, p. 256.
[64] Ibidem.

Infelizmente, não foi possível, ainda, trabalhar de forma um pouco mais detida — como se procedeu no caso das *Listas Nominativas* — os dados extraídos do Arquivo da Alfândega do Rio de Janeiro. Assim, optou-se por exemplificar, com base em algumas informações encontradas, as potencialidades dessa fonte para a reconstituição do perfil socioeconômico de alguns participantes das Sedições de 1831-1832, em Minas Gerais.

Numa primeira aproximação, constata-se que a família Carneiro Leão tinha participação destacada nas transações de escravos na Corte, incluindo-se entre os comerciantes de grande trato que faziam remessas de "uma fazenda média" ou "um engenho de açúcar". Como a suposta cumplicidade de Honório Hermeto Carneiro Leão com os sediciosos não foi de todo comprovada, e, de resto, é a família Carneiro Leão que aparece com vários de seus membros comercializando escravos, não nos deteremos nos assuntos dessa família. Interessa-nos, porém, relacionar as informações que aparecem identificadas aos nomes de alguns sediciosos, mesmo que não trate de questões de cunho econômico. De natureza bem diversa, são, por exemplo, os registros (ou talvez fosse mais apropriado falar-se em *vestígios*) que descrevem o sedicioso Timóteo Eleutério da Fonseca — não localizado nas *Listas Nominativas* — que foi pronunciado em Devassa tirada em Caeté para apurar os fatos relacionados à "Revolta de Ouro Preto".[65] Pardo, solteiro, Timóteo Eleutério tinha estatura alta, rosto comprido, olhos grandes, cabelos crespos, pouca barba e sobrancelhas regulares. Sobre Cristiano Manuel de Sá Bitencourt, um dos irmãos do potentado Coronel José de Sá Bitencourt, e igualmente acusado de liderar a sedição em Caeté,[66] sabemos apenas que esteve na Corte em junho de 1828 e que levava consigo um escravo ladino.

Por fim, Antônio José de Sousa Guimarães, que encontramos algumas páginas atrás ocupando o posto de alferes da Companhia de Ordenança do distrito da capela de Santa Ana do Capivari, na comarca do Rio das Mortes, parecia desempenhar o papel de intermediário no tráfico de escravos entre a Corte e Minas Gerais. O número de escravos que comercializa é várias vezes superior aos treze cativos que possuía

---

[5] *RAPM*, p. 241.
[66] "Levo ao conhecimento de V.Ex.ª que se acham processados os Cabeças da sedição que teve lugar nesta Vila por ocasião das eleições primárias, e revolta de Ouro Preto, os quais são *Jacinto Rodrigues Pereira Reis*, José de Sá Bitencourt e Câmara e Guilherme Frederico de Sá [. . .] Frederico Carlos de Sá Bitencourt, Egídio Luís de Sá, *Cristiano Manuel de Sá*. . .". *RAPM*, p. 187. Os dados da Alfândega informam que o também citado Jacinto Rodrigues Pereira Reis enviara da Corte seis escravos em diferentes anos (1831-1832), todos ladinos.

em 1832, o que reforça a suposição de que se tratava de um elo de intermediação entre o tráfico no Rio de Janeiro e os grandes proprietários mineiros. A 25 de junho de 1825, é registrado nos Livros da Alfândega do Rio de Janeiro que Antônio José de Sousa Guimarães encontrava-se de posse de dez escravos novos. Outro registro, datado de 26 de novembro de 1827 informa que o mesmo Antônio Guimarães passava pela Corte com "quarenta escravos novos", certamente se dirigindo para a província mineira. Seu nome aparece apenas mais uma vez no comércio de escravos, em 27 de novembro de 1829, mas agora com apenas dois escravos novos.

## Capítulo 5
## REBELIÃO ESCRAVA NA COMARCA DE OURO PRETO (1835)

> "Mais la peau qui se trouve sur les corps de Gorée
> C'est la même peau que couvre tous les hommes du monde
> Mais la peau des esclaves a une douleur profunde
> Qui n'existe pas du tout chez d'autres hommes du monde
> C'est le peau des esclaves un drapeau de Liberté."
> — GILBERTO GIL & J. C. CAPINAM. *La lune de Gorée*

Segundo Marcos Andrade, o estabelecimento da pena de morte para os escravos acusados de envolvimento em rebeliões ou da prática de delitos contra seus senhores, descendentes e prepostos, deveu-se muito mais às repercussões da Revolta de Carrancas entre os escravistas do Centro-Sul, como comprovam as manifestações das Câmaras das vilas de Areias, Bananal, Lorena e Resende, do que propriamente à Revolta dos Malês, em Salvador. Afinal, a primeira versão do projeto da lei já fora encaminhado à Regência em junho de 1833.[1]

Porém, no mesmo mês e ano da aprovação da lei, revelou-se o plano de uma rebelião escrava em Mariana, marcada para ocorrer a 24 de junho. A notícia nos chega por meio do processo-crime instaurado para apurar os fatos. A natureza do documento remete à observação de Kenneth Maxwell ao analisar a Conjuração Mineira com base, ainda que não exclusivamente, nos *Autos da Devassa*: a de que se trata de abordar uma revolução frustrada e não uma repressão bem-sucedida.[2]

---

[1] Marcos Ferreira de Andrade. Revolta de Carrancas. In: Ronaldo Vainfas (direção). *Dicionário do Brasil Imperial (1822-1889)*. Rio de Janeiro: Objetiva, 2002.
[2] Conjuração mineira: novos aspectos. *Estudos Avançados* (Bicentenário da Conjuração Mineira e Revolução Francesa), Instituto de Estudos Avançados, USP, vol. 3, n.º 6, mai.-ago. 1989, pp. 4 a 24.

Mediante a análise da documentação, com destaque para os processos-crime pode-se perceber, a um só tempo, as tensões e o estabelecimento de laços de solidariedade entre escravos e forros, esses últimos dispostos a se mobilizarem sob a liderança de um escravo africano. Uma breve reconstituição do movimento reforçou a idéia, presente na historiografia sobre o tema, que a década de 30 do século XIX foi um momento em que as ameaças de mobilizações de escravos emergiram com força, marcando uma conjuntura de extrema turbulência do período imperial. Os casos mais estudados referem-se à Bahia, província na qual se verificou a existência de uma conjuntura de crise que se teria estendido de 1807, data dos levantes que atingiram principalmente as áreas rurais do Recôncavo Baiano, culminando, em 1835, com a *Revolta dos Malês*.[3]

As causas apontadas para a eclosão de uma vaga de mobilizações, que não se limitou à população cativa, mas também atingiu parcelas da população pobre livre e liberta, variaram da concentração excessiva de escravos, possibilitada pelas condições do tráfico internacional, até razões de cunho étnico e religioso. O temor dos proprietários e dos administradores espraiou-se pelas principais províncias escravistas do Império, como demonstra a moção aprovada pela Assembléia Provincial do Rio de Janeiro, encaminhada pelo governo ao poder central, apelando para que

"... a paz e a tranqüilidade desta província não venham a ser interrompidas e perturbadas pelo último acontecimento da Bahia. Uma insurreição dos escravos parece ameaçar de ruína total não somente esta bela parte do Império, mas também todas as outras províncias. Os membros da Assembléia temem pelo Rio de Janeiro, em razão do número de escravos e da presença perigosa de africanos livres e residentes, em muito grande número, entre nós."[4]

Sobre o mesmo assunto, observou Sidney Chalhoub:

"O natal de 1835, por exemplo, foi carregado de tensões na Corte. Havia a suspeita de que os escravos das províncias do Rio de Janeiro e de Minas Gerais queriam tentar um movimento insurrecional que se diz concertado para romper nos dias santos de natal. [. . .].

---
[3] João José Reis. *Rebelião escrava no Brasil: a história do levante dos malês em 1835* (edição revista e ampliada). São Paulo: Companhia das Letras, 2003.
[4] Pierre Verger. *Fluxo e refluxo do tráfico de escravos entre o golfo do Benin e a Bahia de todos os Santos (dos séculos XVII a XIX)*. São Paulo: Difel, 1987.

Parece que tudo não passou de um susto, pois a correspondência expedida pela polícia não registrou nada de anormal nos meses seguintes. De qualquer forma, o medo de que os escravos pudessem se «concertar» e se levantar em massa contra seus algozes preocupava eventualmente os administradores da cidade. O exemplo do levante dos negros malês ocorrido em Salvador poucos meses antes temperou, sem dúvida, os temores daquele natal de 1835."[5]

Enganou-se, no entanto, o historiador em um ponto: os temores relativos à *onda negra* em Minas Gerais não eram infundados ou fruto da ansiedade constante dos senhores ameaçados por seus escravos. Nesta província, deve-se atribuir à delação e à pronta ação das autoridades policiais o desbaratamento de um movimento em gestação desde as festas de São João do ano de 1835.

A possibilidade de se tornarem libertos aparece como um dos principais móveis da insurreição planejada sob a liderança, ainda que inconfessa, de três cativos africanos: Luís de Nação Angola, escravo de João Freitas, morador no arraial de Lavras Velhas, freguesia de São Caetano, termo de Mariana, que, segundo ele próprio, já estava há "... trinta anos nesta terra" para onde viera "menor de idade" e que era "trabalhador de roça e lavra";[6] Joaquim, escravo de Dona Helena Rosa, também de Nação Angola, de idade maior de 25 anos, campeiro de profissão e Félix de Nação Conga, escravo do Reverendo Manuel Ribeiro da Cruz, morador na cidade de Mariana, também de idade superior a 25 anos.

Laços de compadrio uniam os pretos Félix e Joaquim. A aproximação entre os dois havia-se dado, segundo Joaquim, em razão de Félix "se arranchar [. . .] em casa de sua senhora pelas contínuas viagens" que fazia na condução de tropa. Joaquim foi o único entre os interrogados a sustentar a versão de que homens brancos se achavam por detrás dos planos de insurreição: "... afirmava haver gente branca nesta cidade que o [a Félix] coadjuvava", informação que teria ouvido do próprio Félix que dissera ser "... o cabeça branco e não natural de cá" [*algum português?*].

Os sediciosos utilizavam a palavra *partido*, fazendo ecoar, assim, um dos termos mais em evidência à época, conforme se depreende do

---
[5] Sidney Chalhoub. Medo branco de almas negras: escravos, libertos e republicanos na cidade do Rio. *Revista Brasileira de História*. São Paulo, mar.-ago. 1988, vol. 8, n.º 16, pp. 83-105.
[6] As informações textuais foram todas retiradas do documento "Processo-crime: insurreição de escravos". Códice 350, auto 7719, 1.º Ofício. Arquivo Histórico da Casa Setecentista de Mariana, 1835.

depoimento de Antônio João, escravo dos herdeiros de Maria Clara, que confirmava que Félix "... convidou a ele interrogado para unir-se ao seu partido e pelo direito da força com outros muitos escravos desta cidade de Ouro Preto, Gongo [Soco] e outros lugares ficarem forros...".
Chama atenção, ainda, o fato de estarem, pelo menos supostamente, concertados escravos citadinos e os que trabalhavam no eito: "Joaquim disse que Félix [...] e também o Luís Angola [...] o convidavam para a insurreição dizendo que tivessem todos prontos para o primeiro aviso que havia de vir da cidade e também que já estavam todos das fazendas cá para baixo para na mesma hora matarem todos os brancos [...] e ficarem eles senhores de tudo...".[7]

A situação mais delicada talvez fosse a do africano Luís, e não apenas por pesar sobre ele a acusação de ser o responsável pela divulgação da trama por meio de "cartas", como se verá mais adiante. Mas também, porque Luís se encontrava fugido há pelo menos seis meses antes do início da apuração dos fatos pelas autoridades da comarca. E não se tratava de uma fuga individual, mas sim, e de acordo com os critérios da época, de um quilombo,[8] pois integravam o ajuntamento:

"... dois escravos do Alferes Felisberto de tal um de nome Francisco e outro que se não lembrava; um de Francisco Martins Correia de nome João; dois da freguesia do Piranga e Lourenço de Joaquim Pinheiro, Filipe crioulo do Padre João de Sampaio Guimarães e Maria escrava do Alferes Felisberto e também se achava na mesma companhia Maria Francisca cabra forra."[9]

A fuga talvez se explicasse pela negativa de seu senhor de cumprir a promessa de passar-lhe a alforria, conforme se queixara Luís ao seu compadre o qual, curiosamente, e contrariando as evidências de ser o líder do movimento — condição que Luís queria imputar-lhe — não lhe aconselhara, pelo menos explicitamente, a rebelião como meio de obtenção da liberdade, mas sim que "... se pretendesse ser forro ajun-

---

[7] Processo-crime: insurreição de escravos. Códice 350, auto 7719, 1.º Ofício, fl. 4v. Arquivo Histórico da Casa Setecentista de Mariana, 1835.
[8] Sobre a definição de quilombo, de acordo com os critérios coevos, ver meu artigo "Poder privado e milícias do mato: contradições na repressão aos escravos fugidos". In: *Termo de Mariana*, cit., p. 197.
[9] Processo-crime: insurreição de escravos. Códice 350, auto 7719, 1.º Ofício, fl.17. Arquivo Histórico da Casa Setecentista de Mariana, 1835. A se crer no depoimento do preto Joaquim havia muito se falava no levante: de "... um ano a esta parte, pouco mais ou menos, tem sido constante pretender ele [Félix] que se levantem os escravos em ordem a serem forros...". Ibidem, fl. 6v.

tasse dinheiro e procurasse algum empenho para alcançar a sua liberdade...".[10]
O programa do movimento parecia bem-definido e acrescentava à libertação dos insurretos a distribuição da riqueza dos senhores, com o claro objetivo de atrair a participação da população pobre, sobretudo a parcela de homens forros. Nesse aspecto, não pode passar despercebida a distinção estabelecida pela liderança sediciosa no interior da própria camada de libertos, reflexo, muito provavelmente, das distinções sociais próprias a esse grupo onde alguns, ainda que não a maioria, alcançaram certa projeção social "... no dia de São João na cidade fez o dito Félix o ajuntamento com grande número de cativos e alguns *forros pobres* dizendo que queria fazer ajuste de ficarem forros e ricos...".[11]
Um outro fato que chama a atenção neste documento riquíssimo é a situação concreta que opõem escravos crioulos e escravos africanos, aqueles como delatores, estes como cabeças presumíveis do movimento. O levante já estaria acertado há algum tempo, antes do dia 24 de junho de 1835:

"E sendo interrogado pelo dito juiz se sabia da causa de sua prisão respondeu que era por ter sido convidado por Félix escravo do Padre Manuel Ribeiro morador na cidade de Mariana em dia de São Pedro dizendo-lhe o mesmo Félix que no dia de São João deste ano tinha feito um ajuntamento com grande número de cativos e alguns forros e que tinham assentado em fazer levante com seus senhores a fim de os matar roubar e se fazerem senhores [...]."[12]

Os escravos Félix e Luís Congo agiam de acordo com um plano bem-traçado e estavam conscientes das dimensões do levante, o que se revela pela decisão de controlar o Tesouro Público, para o que era essencial a participação dos escravos de Ouro Preto:

---

[10] Pelo menos sobre dois outros escravos, estes crioulos, recaía a suspeita de poderem aderir à sedição como forma de alcançar a alforria que lhe fora prometida pela senhora antes de contrair matrimônio. Pelo menos é o que assevera a testemunha José Alves Xavier: "... tinha ouvido dizer a dois escravos de João de Freitas [proprietário de Luís] um de nome Antônio e outro Ponciano que tinham sido convidados pelos réus Luís e seu parceiro Félix [...] para que juntos com outros se insurgissem contra seus senhores a fim de os matarem e ficarem libertos e que sabe mais por ser público e notório que aqueles dois crioulos se acham com cartas de alforria passadas por sua senhora em tempo de solteira...". Ibidem, fl. 17v.
[11] Processo-crime: insurreição de escravos. Códice 350, auto 7719, 1.º Ofício, fl. 18. Arquivo Histórico da Casa Setecentista de Mariana, 1835. Grifo meu.
[12] Processo-crime: insurreição de escravos. Códice 350, auto 7719, 1.º Ofício, fl. 3, Arquivo Histórico da Casa Setecentista de Mariana, 1835.

"... o escravo Félix do Reverendo Padre Manuel Ribeiro morador na cidade de Mariana andavam não só por aqui como por todas as fazendas mandando cartas porque todos os escravos estivessem prontos para o dia e a hora qual tivessem aviso se insurgirem e matarem todos os seus senhores e viram subindo para cima os cabedais lhe se reunirem na capital e que lá se haviam de encontrar pois os de lá já haviam estar senhores da casa do Tesouro Público [. . .]."[13]

Chama particularmente atenção, conforme referido logo acima, um dos meios utilizados para informar aos que se encontravam dispostos a se engajar no movimento que era chegada a hora da mobilização: o envio de cartas. A utilização deste recurso pode causar estranheza menos pelo fato de que a palavra escrita teria eficácia duvidosa quando dirigida a um público que, habitualmente, não dominava esse tipo de registro — uma vez que já são bastante conhecidas as formas orais de propagação dos conteúdos de panfletos[14] — do que pelo fato de escravos africanos, ao que tudo indica, possuírem o domínio da escrita.

E realmente a astúcia era uma característica inegável de pelo menos um dos acusados: após informar que "sabia ler letra redonda", que aprendera em uma cartilha e não saber escrever e nem ter "conhecimento de letra de mão" o réu Luís Congo, ao final de seu depoimento, "pediu a João Evangelista que por ele assinasse",[15] logo, não poderia ser o autor das referidas cartas [. . .]. A maioria das testemunhas confirmou os réus Luís e Félix como "solicitadores" de adeptos para a insurreição. Félix, de propriedade do Padre Manuel Ribeiro, morador na cidade de Mariana, como se viu, trabalhava como tropeiro, atividade que, seguramente, facilitava suas tarefas de aliciamento. A leitura do documento revela ainda que não era pequeno o número de escravos que possuía, no mínimo, conhecimento do pretendido levante ou que foram convidados para a insurreição e que prestaram depoimento à Justiça: Joaquim preto, Valentim crioulo, Antônio crioulo, Antônio e Ponciano, também crioulos de propriedade do mesmo senhor de Luís

---

[13] Processo-crime: insurreição de escravos. Códice 350, auto 7719, 1.º Ofício, fl. 13v, Arquivo Histórico da Casa Setecentista de Mariana, 1835.

[14] Sobre a natureza oral da divulgação do conteúdo dos panfletos ver: Kátia de Queiroz Mattoso. Bahia 1798: os panfletos revolucionários. Proposta de uma nova leitura. In: Oswaldo Coggiola (org.). *A Revolução Francesa e seu impacto na América Latina*. São Paulo: Edusp, 1990 e Andréa Lisly Gonçalves. Leitura e sedição: literatura e ação política no Brasil colonial. In: Heliana Maria Brina Brandão et al. *A escolarização de leitura literária: o jogo do livro infantil e juvenil*. Belo Horizonte: Autêntica, 1999, pp. 129-44.

[15] Processo-crime: insurreição de escravos. Códice 350, auto 7719, 1.º Ofício, fl. 7, Arquivo Histórico da Casa Setecentista de Mariana, 1835.

Congo e delatores do movimento. Conhecemos apenas a sentença de Luís Congo: "... pena de trezentos açoites e depois de sofrê-las será entregue a seu senhor que será obrigado a trazê-lo com ferro no pé por oito anos [. . .]".[16]

A punição integrava-se perfeitamente ao sistema escravista pelo caráter exemplar dos açoites dados em público e pela reintegração da propriedade do senhor. Não aparece, na documentação reunida, nenhuma referência a uma ação articulada com os escravos de outras províncias. Talvez a omissão possa ser creditada à tentativa das autoridades locais de evitarem que a trama tivesse maior repercussão dentro e fora da província, restringindo o seu reconhecimento à punição, em local público, de um dos culpados. Mas parece plausível afirmar que, se não havia uma articulação efetiva entre os que, em potência ou ato, procuraram sublevar-se na segunda metade da década de 30, ao menos as mobilizações do período se inserem em uma conjuntura favorável às manifestações coletivas de escravos, libertos e população livre pobre, no Período Regencial, suficientemente concretas para tirarem o sono de proprietários e autoridades policiais por ocasião do Natal.

---
[16] Ibidem, fl. 23.

# CONSIDERAÇÕES FINAIS

"Toda nacionalidade tem duas faces, uma delas se opõe diametralmente à outra; uma pertence à maioria, a outra, à minoria. A maioria de um povo sempre demonstra uma submissão mecânica às leis do clima, da situação, da raça e do destino; a minoria se coloca na outra extremidade, ao negar essas influências".[1] Assim escrevia o fourierista Valerian Maikov sobre os dilemas do nacionalismo russo, por volta de 1840. Não sem ironia, a passagem mereceu o seguinte comentário de Joseph Frank, talvez o maior biógrafo de Dostoiévski: "[Maikov] . . . fala dessa divisão como uma «lei» (presumivelmente da natureza) que ainda não foi suficientemente considerada pelos etnógrafos".[2]

Contemporâneos de Maikov, não faltaram nos textos que inauguraram na historiografia brasileira a preocupação em definir as matrizes que singularizavam a nascente Nação Brasileira, os determinismos de natureza étnica e geográfica, bem como a atribuição da tarefa de consolidação da unidade e da construção do Estado e da Nação a uma minoria, sobretudo em um país no qual grande parte da população era escrava.

Porém, na História Brasileira da primeira metade do Oitocentos, ao contrário de se submeter à suposta "lei" formulada pelo autor russo, uma expressiva parcela do povo mobilizou-se na defesa de projetos de nação e de constituição do Estado alternativos aos que acabaram por se mostrar hegemônicos.

Ainda que sobre tais mobilizações não se possa afirmar que se pautaram pela ruptura com a ordem precedente, ou que propugnavam a

---
[1] Citado em Joseph Frank. *Dostoiévski: as sementes da revolta, 1821-1849*. São Paulo: Edusp, 1999, p. 280.
[2] Ibidem.

superação do regime monárquico, pelo menos pode-se dizer que em muitas delas as questões étnicas não atuaram de maneira mecânica, mas foram tematizadas no calor das lutas e se transformaram em elementos de identidade entre os agentes históricos.

Assim parece ter-se dado, como se buscou demonstrar, nas mobilizações ocorridas em Santa Rita do Turvo, na comarca de Ouro Preto, no ano de 1831, quando escravos, forros, mestiços e homens livres pobres, muitas vezes em alianças necessariamente instáveis por sua própria composição social, reunindo as "classes heterogêneas" e os setores proprietários de feição conservadora, formularam suas demandas a partir de suas condições sociais e étnicas. Não teria sido de forma diferente em Carrancas, no curato de São Tomé das Letras, comarca do Rio das Mortes, onde, em 1833, escravos africanos, estimulados ou não por homens livres, lideraram motins contra pessoas de projeção não apenas econômica, mas também política tanto no âmbito regional, quanto provincial.

Se povo e tropa se aliaram na mais conhecida Sedição do Período Regencial em Minas Gerais, a "Revolta de Ouro Preto" de 1833, pretendeu-se demonstrar que sob a designação *tropa* desvendava-se um universo social irredutível aos setores militares porque abrigava proprietários de escravos, terras, negociantes, traficantes de escravos cujo perfil econômico os associava aos setores mais "modernos" da província, especializados na produção mercantil de subsistência, ainda que do ponto de vista político fossem claras suas inclinações às formas de dominação tradicional.

Por fim, procurou-se demonstrar que o protesto escravo ameaçava reemergir na província, mais especificamente no termo de Mariana, em 1835 quando foram descobertos os planos de uma rebelião liderada por cativos africanos e crioulos.

Se os setores das elites tradicionais que, muitas vezes, foram apontadas como lideranças dos motins e revoltas, acabaram por compor com os grupos liberais moderados, sobretudo na conjuntura política conhecida como Regresso, nem por isso a derrota dos setores populares representada pela reiteração do escravismo no Brasil oitocentista deixou de imprimir sua marca no Estado Imperial e na política provincial mineira.

# REFERÊNCIAS

## Fontes primárias manuscritas

**ARQUIVO HISTÓRICO DA CASA SETECENTISTA DE MARIANA**

Processo-crime: Insurreição de escravos. Códice 350, auto 7719, 1.º Ofício, 1835.
Processo-crime. Códice 217, auto 5411, 2.º Ofício, 1833.
Processo-crime. Códice 191, auto 4780, 2.º Ofício, 1832.
Processo-crime. Códice 224, auto 5563, 2.º Ofício, 1834.
Processo-crime, Códice 233, auto 5809, 2.º Ofício, 1839.
Termo de justificação. Códice 142, auto 2899, 2.º Ofício, 1810.
Libelo cível. Códice 441, auto 9543, 1.º Ofício, 1808.
Ação de liberdade. Códice 415, auto 9056, 1825.
Ação de liberdade. Códice 405, auto 8851, 1831.
Inventário do Coronel João Luciano de Sousa Guerra. Códice 29, auto 710, 2.º Ofício, 1866.

**ARQUIVO HISTÓRICO DA CÂMARA MUNICIPAL DE MARIANA**

Termos de arrematação e contratos. Códice 275.
Miscelânea. Códice 673.
Assento de prisão feito a Joaquim de Santa Ana e seu escravo Antônio Congo ou Angola. Livro de Termos de Prisão, Códice 167, fl. 190.

# REFERÊNCIAS

## ARQUIVO PÚBLICO MINEIRO

Relação de Engenhos e Casas de Negócios por distritos em 1836. Fundo SPPP 1, 06, cx. 02.
SPPP 1/6, cx. 7, d3, 12 de outubro de 1836.
Registro de Ofícios do Governo e autoridades da Província. Seção Provincial, Códice 74, 17 de agosto de 1830.

## Fontes primárias digitalizadas

Listas nominativas dos distritos mineiros por município, 1831/1832; 1838/1840. Cedeplar/UFMG.
Transcrição de cartas de sesmarias confirmadas: Minas Gerais, 1700-1822. Renato Pinto Venâncio (coordenador). Projeto Iter/Ufop, 2001-2002.
Documentos Avulsos relativos a Minas Gerais existentes no Arquivo Histórico Ultramarino (Lisboa). Projeto Resgate de Documentação Histórica Barão do Rio Branco. Ministério da Cultura, Brasil. Instituto de Investigação Científica Tropical, Lisboa.
Registro de despachos de escravos e passaportes emitidos pela Intendência de Polícia da Corte entre 1819 e 1833. Roberto Borges Martins, João Luiz Ribeiro Fragoso & Roberto Guedes (org.). Ipea/Liphis-UFRJ.

## Fontes primárias impressas

Edital sobre a circulação de escravos. Códice 715, Arquivo Histórico da Câmara Municipal de Mariana, 1831.
*Revista do Arquivo Público Mineiro*, vol. 7, 1902.
José Bonifácio de Andrada e Silva. *Projetos para o Brasil*. São Paulo: Companhia das Letras, 1998.
Carl Friedrich Philipp von Martius. Como se deve escrever a História do Brasil. Dissertação oferecida ao Instituto Histórico e Geográfico do Brasil. *Revista Trimensal de História e Geografia ou Jornal do Instituto Histórico e Geográfico Brasileiro*, n.º 24, jan., 1845.
*Bernardo Pereira de Vasconcelos*. Rio de Janeiro: 34 Letras, 1999.
*Frei Joaquim do Amor Divino Caneca*. São Paulo: Editora 34, 2001.

# Bibliografia

ABREU, Capistrano de. Sobre o Visconde de Porto Seguro. In: *Ensaios e estudos: crítica e história*. Rio de Janeiro-Brasília: Civilização Brasileira-INL/MEC, 1975.
ALENCASTRO, Luiz Felipe de. Vida privada e ordem privada no Império. In: Fernando A. Novais (coordenador-geral) & Luiz Felipe de Alencastro (organizador do volume). *História da vida privada no Brasil:* Império: a corte e a modernidade nacional. São Paulo: Companhia das Letras, 1997.
ALMEIDA, Carla Maria Carvalho de. *Flutuações nas unidades produtivas mineiras, Mariana — 1750 a 1850*. Mestrado. Niterói: UFF, 1994.
ANDRADE, Francisco Eduardo. *A enxada complexa: roceiros e fazendeiros em Minas Gerais na primeira metade do século XIX*. Mestrado. Belo Horizonte: Departamento de História, Fafich/UFMG, 1994.
—. Poder local e herança colonial em Mariana: faces da Revolta do "Ano da Fumaça" (1833). In: *Termo de Mariana: História e documentação*. Mariana: Ufop, 1998, pp. 127-35.
ANDRADE, Marcos Ferreira de. *Rebeldia e resistência: as revoltas escravas na província de Minas Gerais (1831-1840)*. Mestrado. Belo Horizonte: Fafich/UFMG, 1996.
—. Rebelião escrava na comarca do Rio das Mortes, Minas Gerais: o caso de Carrancas. *Afro-Ásia*. Salvador, n.os 21-22, pp. 45-82.
ARAÚJO, Maria de Fátima Santos de. *Espaço urbano e medicina social no Nordeste no século XIX* (mimeo).
ARAÚJO, Valdei Lopes de. *A experiência do tempo: modernidade e historicização no Império do Brasil (1813-1845)*. Doutorado. Rio de Janeiro: PUC/RJ, 2003.
AZEVEDO, Francisca L. Nogueira de. *Carlota Joaquina na Corte do Brasil*. Rio de Janeiro: Civilização Brasileira, 2003.
BASTOS, Elide Rugai. Iberismo na obra de Gilberto Freyre. *Revista USP*, jun.-jul.-ago., 1998.
BERGAD, Laird W. *Slavery and the Demographic and Economic History of Minas Gerais, Brazil, 1720-1888*. Nova York: Cambridge, 1999.
BOTELHO, Tarcísio Rodrigues et al. *História quantitativa e serial no Brasil: um balanço*. Goiânia: Anpuh-MG, 2001.
BOUTIER, Jean & Dominique Julia (orgs.) *Passados recompostos*. Rio de Janeiro: UFRJ/FGV, 1998.
CAMPOS, Maria Verônica. Os engenhos de cana na Comarca do Rio das Velhas, século XVIII. In: *Anais do VII Seminário sobre a economia mineira*. Cedeplar/UFMG, Diamantina, 1995, vol. 1.

CANABRAVA, Alice P. Apontamentos sobre Varnhagen e Capistrano. In: *Revista de História*, vol. XVIII, n.º 88. São Paulo: USP, out.-dez., 1971.
CANO, Wilson. A economia do ouro em Minas Gerais (século XVIII). *Contexto*, n.º 3, São Paulo: Hucitec, 1977.
CARDOSO, Ciro Flamarion S. *Escravo ou camponês?* São Paulo: Brasiliense, 1987.
CARDOSO, Maria Teresa Pereira. *Lei branca e justiça negra: crimes de escravos na comarca do Rio das Mortes (Vilas Del-Rei, 1814-1852).* Doutorado. Campinas: Unicamp, 2002.
CARVALHO, José Murilo de. *A construção da ordem: a elite política imperial.* Rio de Janeiro: UFRJ/Relume Dumará, 1996.
—. *O teatro de sombras: a política imperial.* Rio de Janeiro: UFRJ/Relume Dumará, 1996.
—. Rui Barbosa e a razão clientelista. *Dados: Revista de Ciências Sociais*, 2000.
—. *Pontos e bordados: escritos de história e política.* Belo Horizonte: UFMG, 1998.
—. Mandonismo, coronelismo, clientelismo: uma discussão conceitual. *Dados*, vol. 40, n.º 2, pp. 229-50, 1997.
CARVALHO, Márcio Eurélio Rios de. *Afirmação de uma esfera pública de poder em Minas Gerais (1821-1851).* Doutorado. Belo Horizonte: Fafich, 2003.
CASTRO, Hebe Maria Mattos de & Eduardo Schnoor (orgs.). *Resgate: uma janela para o Oitocentos.* Rio de Janeiro: Topbooks, 1995.
CHALLANDES, Jean-Philippe. *A pátria dos vencidos: o crepúsculo de um projeto de Nação, Brasil (1839-1842).* Doutorado. Brasília: UnB, 2002.
CHALHOUB, Sidney. Medo branco de almas negras: escravos, libertos e republicanos na cidade do Rio. *Revista Brasileira de História*. São Paulo, Marco Zero, vol. 8, n.º 16, mar.-ago., 1988.
CHAVES, Cláudia Maria das Graças. *Perfeitos negociantes: mercadores das Minas setecentistas.* Mestrado. Belo Horizonte: Fafich/UFMG, 1995.
COSTA, Emília Viotti da. *Crows of Glory, Tears of Blood: the Demerara Slave Rebellion of 1823.* Nova York: Oxford University Press, 1994.
COSTA, Iraci del Nero da & Francisco Vidal Luna. Demografia histórica de Minas Gerais. *Revista Brasileira de Estudos Políticos.* Belo Horizonte: UFMG, jan., n.º 58, 1984, pp. 16-62.
COSTA, Wilma Peres. A Independência na historiografia brasileira. In: *Seminário Internacional Independência do Brasil: História e Historiografia.* (digitalizado).
COTTA, Francis Albert. *Os terços de homens pardos e pretos libertos: mobilidade social via postos militares nas Minas do século XVIII* (mimeo).
FIGUEIREDO, Luciano Raposo de Almeida. *Revoltas, fiscalidade e identidade colonial na América portuguesa. Rio de Janeiro, Bahia e Minas Gerais, 1640-1761.* Doutorado. São Paulo: FFLCH/USP, 1996.

FLORENTINO, Manolo Garcia. *Em costas negras: uma história do tráfico atlântico entre a África e o Rio de Janeiro (séculos XVIII e XIX)*. Rio de Janeiro, Arquivo Nacional, 1995.

FLORY, Thomas. *El juez de paz e el jurado en el Brasil Imperial, 1808-1871*. México: Fondo de Cultura Económica, 1986.

FRAGOSO, João Luiz Ribeiro, Maria Fernanda Baptista Bicalho & Maria de Fátima Silva Gouvêa (orgs.). *O Antigo Regime nos trópicos: a dinâmica imperial portuguesa (séculos XVI-XVIII)*. RJ: Civilização Brasileira, 2001.

FRAGOSO, João Luiz Ribeiro & Manolo Garcia Florentino. *O arcaísmo como projeto: mercado atlântico, sociedade agrária e elite mercantil no Rio de Janeiro, c. 1790-1840*. Rio de Janeiro: Diadorim, 1993.

FRAGOSO, João Ribeiro. *Homens de grossa aventura: acumulação e hierarquia na praça mercantil do Rio de Janeiro, 1790-1830*. Rio de Janeiro: Arquivo Nacional, 1992.

—. A nobreza da República: notas sobre a formação da primeira elite senhorial do Rio de Janeiro (séculos XVI e XVII). In: *Topoi*,Rio de Janeiro, n.º 1, pp. 45-122.

—. Algumas notas sobre a noção de colonial tardio no Rio de Janeiro: um ensaio sobre a economia colonial. In: *Locus*, Juiz de Fora, vol. 6, n.º 1, pp. 9-36, 2000.

FRANK, Joseph. *Dostoiévski: as sementes da revolta, 1821-1849*. São Paulo: Edusp, 1999.

GODOY, Marcelo Magalhães et al. Dicionário das ocupações em Minas Gerais no século XIX, acompanhado de estudo histórico em torno da economia e sociedade mineira provincial. *Varia Historia*, Belo Horizonte, n.º 15, mar., 1996, pp. 161-92.

GONÇALVES, Andréa Lisly. *As margens da liberdade: estudo sobre a prática de alforrias em Minas colonial e imperial*. Doutorado. São Paulo: FFLCH/USP, 2000.

—. Leitura e sedição: literatura e ação política no Brasil colonial. In: Heliana Maria Brina Brandão et al. *A escolarização de leitura literária: o jogo do livro infantil e juvenil*. Belo Horizonte: Autêntica, 1999, pp. 129-44.

—. Crime e revolta: relações entre senhores e escravos em Minas Gerais nas primeiras décadas do século XIX. *Registro*, Mariana, ano 1, mar.-ago., 1994.

GORENDER, Jacob. *A escravidão reabilitada*. São Paulo: Ática, 1990.

—. *O escravismo colonial*. São Paulo: Ática, 1985.

GOULART, Maurício. *A escravidão africana no Brasil; das origens à extinção do tráfico*. São Paulo: Alfa-Ômega, 1975.

GRAÇA FILHO, Afonso de Alencastro. *A Princesa do Oeste e o mito da decadência de Minas Gerais, São João Del Rei (1831-1888)*. São Paulo: Annablume, 2002.

GUIMARÃES, Carlos Magno & Liana Reis. Agricultura e caminhos de Minas (1700/1750). *Revista do Departamento de História*, Belo Horizonte: Fafich/UFMG, n.º 4, junho de 1987.

GUIMARÃES, Lúcia Maria Paschoal & Maria Emília Prado (orgs.). *O liberalismo no Brasil Imperial: origens, conceitos e prática*. Rio de Janeiro: Revan, 2001, pp.103-26.

HARDMAN, Francisco Foot & Vera Lins (orgs). *Resumos históricos*. São Paulo: Ed. Unesp, 1998.

HEIZER, Alda & Antonio Augusto Passos Videira (orgs.) *Ciência, civilização e Império nos trópicos*. Rio de Janeiro: Access, 2001.

HOLANDA, Sérgio Buarque de. A herança colonial — sua desagregação. In: Sérgio Buarque de Holanda (org.). *História geral da civilização brasileira*. São Paulo: Difel, t. II, vol. 1, 1985.

——. Metais e pedras preciosas. *História geral da civilização brasileira* — A época colonial. São Paulo: Difel, t. 2, vol. 1, 1985.

——. *Raízes do Brasil*. Rio de Janeiro: José Olympio, 1986.

IGLÉSIAS, Minas Gerais. In: Sérgio Buarque de Holanda (org.). *História geral da civilização brasileira*. Rio de Janeiro-São Paulo: Difel, 1978, t. II, vol. 2.

JANCSÓ, István (org.). *Independência: história e historiografia*. São Paulo: Hucitec-Fapesp, 2005.

——. (org.). *Brasil: formação do Estado e da Nação*. São Paulo-Ijuí: Hucitec-Fapesp- Ed. Unijuí, 2003.

——. *Na Bahia, contra o Império: história do ensaio de sedição de 1798*. São Paulo-Salvador: Hucitec-Edufba, 1996.

KANTOR, Iris. A Leal Vila de Nossa Senhora do Ribeirão do Carmo. In: *Termo de Mariana: história e documentação*. Mariana: Ufop, 1998.

LAPA, José Roberto do Amaral (org.). *Modos de produção e realidade brasileira*. Rio de Janeiro: Vozes, 1980.

LEAL, Victor Nunes. *Coronelismo, enxada e voto*. Rio de Janeiro: Forense, 1948.

LENHARO, Alcir. *As tropas da moderação (o abastecimento da Corte na formação política do Brasil, 1808-1842)*. Rio de Janeiro: Secretaria Municipal de Cultura, Turismo e Esportes, 1993.

LIBBY, Douglas Cole. *Transformação do trabalho*. São Paulo: Brasiliense, 1988.

LIMA, Augusto de. Alma de Bayard. In: *Noites de sábado*. Rio de Janeiro: Álvaro Pinto, 1923.

LIMA, Oliveira. *D. João VI no Brasil*. Rio de Janeiro: Topbooks, 1996.

LUNA, Francisco Vidal & Iraci del Nero da Costa. A presença do elemento forro no conjunto de proprietários de escravos. *Ciência e Cultura*, 32(7), julho de 1980.

# REFERÊNCIAS

—. *Minas Colonial: economia e sociedade*. São Paulo: Pioneira, 1982.
—. Algumas características do contigente de cativos em Minas Gerais. *Anais do Museu Paulista*, XIX.
—. Demografia Histórica de Minas Gerais. *Revista Brasileira de Estudos Políticos*. Belo Horizonte, UFMG, jan., n.º 58, 1984, pp. 16-62.
LUNA, Francisco Vidal & Wilson Cano. "Economia escravista em Minas Gerais". *Cadernos*. IFCH Unicamp, 10, out. 1983.
MALERBA, Jurandir. *A Corte no exílio: civilização e poder no Brasil às vésperas da independência (1808-1821)*. São Paulo: Companhia das Letras, 2000.
—. *Esboço crítico da recente historiografia sobre independência do Brasil (desde c. 1980)*. Working paper number CBS-45-03. Centre for Brazilian Studies. University of Oxford.
MARIUTTI, Eduardo Barros, Luiz Paulo F. Nogueról & Mário Danieli Neto. Mercado interno colonial e grau de autonomia: críticas às propostas de João Luís Fragoso e Manolo Florentino. *Estudos Econômicos*, São Paulo, vol. 31, n.º 2, abril-junho, 2001, pp. 369-93.
MARSON, Izabel Andrade Marson. O Império da revolução: matrizes interpretativas dos conflitos da sociedade monárquica. In: Marcos Cezar Freitas (org.). *Historiografia brasileira em perspectiva*. São Paulo: Contexto, 1998.
MARTINS, Roberto Borges. *Growing in Silence: the Slave Economy of Nineteenth-century Minas Gerais, Brazil*. Nashville: Vanderbilt University, 1980.
—. Minas e o tráfico de escravos no século XIX, outra vez. In: Tamás Szmrecsányi & José Roberto do Amaral Lapa (orgs.) *História econômica da Independência e do Império*. São Paulo: Hucitec-Fapesp-ABPHE, 1996. pp. 99-130.
MATOS, Paulo. A outra *festa* negra. In: István Jancsó & Iris Kantor (orgs.). *Festa: cultura e sociabilidade na América portuguesa*. São Paulo: Hucitec-Fapesp-Edusp-Imprensa Oficial, 2001.
MATTOS, Hebe M. *Escravidão e cidadania no Brasil monárquico*. Rio de Janeiro: Jorge Zahar, 2000.
MATTOS, Ilmar Rohloff de. *O tempo Saquarema*. São Paulo: Hucitec, 1990.
MATTOSO, Kátia de Queiroz. Bahia 1798: os panfletos revolucionários. Proposta de uma nova leitura. In: Oswaldo Coggiola (org.) *A Revolução Francesa e seu impacto na América Latina*. São Paulo: Edusp, 1990.
MAXWELL, Kenneth. Conjuração mineira: novos aspectos. *Estudos Avançados* (Bicentenário da Conjuração Mineira e Revolução Francesa), Instituto de Estudos Avançados, USP, vol. 3, n.º 6, mai.-ago. 1989, pp. 4 a 24.
MELLO, Christiane Pagano. *Os corpos de auxiliares e de ordenanças na segunda metade do século XVIII: as capitanias do Rio de Janeiro, São Paulo e Minas Gerais e a manutenção do Império ortuguês no Centro Sul da América*. Doutorado. Niterói: UFF, 2002.

MELLO, Evaldo Cabral de. *O norte agrário e o Império (1871-1889)*. Rio de Janeiro: Topbooks, 1999.

—. *Frei Joaquim do Amor Divino Caneca*. São Paulo: Editora 34, 2001.

MORSE, Richard. *O espelho de Próspero*. São Paulo: Companhia das Letras, 1988.

MOTA, Carlos Guilherme (org.). *1822: dimensões*. São Paulo: Perspectiva, 1972.

NEVES, Lúcia Maria Bastos Pereira das. *Corcundas e constitucionais: a cultura política da independência (1820-1822)*. Rio de Janeiro: Revan-Faperj, 2003.

NOVAIS, Fernando A. *Portugal e Brasil na crise do Antigo Sistema Colonial (1777-1808)*. São Paulo: Hucitec, 1983.

—. (coordenador-geral da coleção). *História da vida privada no Brasil*. São Paulo: Companhia das Letras, 1997, vols. 1 e 4.

—. & Carlos Guilherme Mota. *A independência política do Brasil*. São Paulo: Moderna, 1986.

—. Caio Prado Jr. Historiador. *Novos Estudos Cebrap*, São Paulo, vol. 2, pp. 8-18, jul., 1983.

ODÁLIA, Nilo (org.). *Varnhagen*. São Paulo: Ática, 1979.

OILIAM, José. *Historiografia mineira*. Belo Horizonte: Imprensa Oficial, 1987.

PAIVA, Clotilde Andrade. *População e economia nas Minas Gerais do século XIX*. Doutorado. São Paulo: FFLCH/USP. 1996.

PAIVA, Coltilde Andrade & Marcelo Magalhães Godoy. Engenhos e casas de negócios nas Minas oitocentista. *Anais do VI Seminário sobre a economia mineira*, Cedeplar/UFMG, Diamantina, 1992.

REIS, João José. *Rebelião escrava no Brasil: a história do levante dos malês em 1835*. São Paulo: Companhia das Letras, 2003, p. 534 (edição revista e ampliada).

REIS, João José & Flávio dos Santos Gomes (orgs.). *Liberdade por um fio: história dos quilombos no Brasil*. São Paulo: Companhia das Letras, 1996.

REIS, José Carlos. *As identidades do Brasil: de Varnhagen a FHC*. Rio de Janeiro: FGV, 2000.

—. Varnhagen (1853-7): o elogio da colonização portuguesa. In: *Varia Historia*, n.º 17, Belo Horizonte: Fafich/UFMG, mar., 1997, pp. 125-7.

RODRIGUES, José Honório. Varnhagen: mestre da História Geral do Brasil. In: *Revista do IHGB*, abr.-jun., 1967.

RUSSEL-WOOD, A. J. R. Autoridades ambivalentes: o Estado do Brasil e a contribuição africana para "a boa ordem na República". In: Maria Beatriz Nizza da Silva (org.). *Brasil: colonização e escravidão*. Rio de Janeiro: Nova Fronteira, 2000.

# REFERÊNCIAS

SALDANHA, Flávio Henrique Dias. *Os oficiais do povo: a Guarda Nacional em Minas Gerais oitocentista, 1831-1850*. Mestrado. Franca: Unesp, 2004.

SALGADO, Graça (coord.). *Fiscais e meirinhos: a administração no Brasil colonial*. Rio de Janeiro: Nova Fronteira, 1985.

SCHWARTZ, Stuart B. *Segredos internos: engenhos e escravos na sociedade colonial, 1550-1835*. São Paulo: Companhia das Letras, 1988.

—. Somebodies and Nobodies in the Body Politic: Mentalities and Social Structures in Colonial Brazil. *Latin American Research Review*. Minnesota, vol. 31, n.º 1, 1996.

SCHWRCZ, Lilia M. A. *As barbas do Imperador*. São Paulo: Companhia das Letras, 1998.

SILVA, Ana Rosa Cloclet da. *Construção da Nação e escravidão no pensamento de José Bonifácio: 1783-1823*. Campinas: Ed. Unicamp/Centro de Memória, 1999.

—. Identidades políticas e a emergência do novo Estado nacional: o caso mineiro. Seminário *A Independência do Brasil: história e historiografia* (exemplar cedido pela autora).

SILVA, Wlamir José da. *Liberais e povo: a construção da hegemonia liberal-moderada na província de Minas Gerais (1830-34)*. Doutorado em História. Rio de Janeiro: IFCS/UFF, 2002.

—. Usos da fumaça: a revolta do Ano da Fumaça e a afirmação moderada na Província de Minas. *Locus: Revista de História*. Juiz de Fora, vol. 4, n.º 1, pp. 105-18, 1998.

SOUZA, Laura de Mello e. *Norma e conflito: aspectos da História de Minas no século XVIII*. Belo Horizonte: Humanitas, 1999.

SOUZA, Otávio Tarquínio de. *História dos fundadores do Império do Brasil*. São Paulo: Edusc, 1988, vol. V, p. 120.

SZMRECSÁNYI, Tamás & José Roberto do Amaral Lapa (orgs.). *História econômica da Independência e do Império*. São Paulo: Hucitec-Fapesp-ABPHE, 1996.

TENGARRINHA, José. *Movimentos populares agrários em Portugal (1808-1825)*. Portugal: Europa-América, 1994, vol. 2.

THOMPSON, E. P. Thompson. *A formação da classe operária*. Rio de Janeiro: Paz e Terra, 1987, 3 vols.

TORRES, João Camilo de Oliveira. *História de Minas Gerais*. Belo Horizonte: Difusão Pan-Americana do Livro, 1961, vol. 3.

URICOCHEA, Fernando. *O minotauro imperial: a burocratização do Estado patrimonial brasileiro no século XIX*. Rio de Janeiro-São Paulo: Difel, 1978.

VAINFAS, Ronaldo (org.). *Dicionário do Brasil Imperial (1822-1889)*. Rio de Janeiro: Objetiva, 2002.

# REFERÊNCIAS

VEIGA, José Xavier da. *22 de março de 1833 — Sedição militar de Ouro Preto*. In: *Efemérides mineiras (1664-1897)*. Ouro Preto: Imprensa Oficial, vol. 1, pp. 343-70.

VENÂNCIO, Renato Pinto & Henrique Carneiro (orgs.). *Álcool e drogas na Hiistória do Brasil*. Belo Horizonte-São Paulo: PUC/Minas-Alameda, 2005, pp. 185-202.

VERGER, Pierre. *Fluxo e refluxo do tráfico de escravos entre o golfo do Benin e a Bahia de Todos os Santos (dos séculos XVII a XIX)*. São Paulo: Difel, 1987.

VIANA, Godofredo. A sedição militar de Ouro Preto, em 1833. In: *Terra de ouro*. Rio de Janeiro: Calvino Filho, 1935, pp. 68-88.

WEHLING, Arno. *Estado, história, memória: Varnhagen e a construção da identidade nacional*. Rio de Janeiro: Nova Fronteira, 1999.

WERNET, Augustin. *Sociedades políticas (1831-1832)*. São Paulo-Brasília: Cultrix-INL, 1978.

WIARDA, Howard J. *O modelo corporativo na América Latina e a latino-americanização dos Estados Unidos*. Petrópolis: Vozes, 1983.

ZEMELLA, Mafalda P. *O abastecimento da capitania de Minas Gerais no século XVIII*. São Paulo: Hucitec-Edusp, 1990.

ANEXOS

Tabela 1. Estrutura etária dos sediciosos localizados nos Censos

| FAIXAS ETÁRIAS | CONTAGEM | |
|---|---|---|
| | ABS | % |
| De 16 a 30 anos | 5 | 19 |
| De 31 a 45 anos | 8 | 30 |
| De 46 a 60 anos | 9 | 33 |
| 61 anos ou mais | 5 | 19 |
| Total | 27 | 100 |

Tabela 2. Estado civil dos sediciosos localizados nos Censos

| ESTADO CIVIL | CONTAGEM | |
|---|---|---|
| | ABS | % |
| Solteiro(a) | 8 | 30 |
| Casado(a) | 15 | 56 |
| Viúvo(a) | 4 | 15 |
| Total | 27 | 100 |

Tabela 3. Condições dos sediciosos localizados nos Censos

| ESTADO CIVIL | CONTAGEM | |
|---|---|---|
| | ABS | % |
| Escravos | 0 | 0 |
| Forros | 0 | 0 |
| Livres | 17 | 63 |
| Quartados | 0 | 0 |
| Não informado | 10 | 37 |
| Total | 27 | 100 |

Tabela 4. Situação dos sediciosos nos fogos

| SITUAÇÃO | CONTAGEM | |
|---|---|---|
| | ABS | % |
| Chefe do fogo | 23 | 85 |
| Outras | 4 | 15 |
| Total | 27 | 100 |

## Tabela 5. Chefes dos fogos dos sediciosos

| CHEFE DO FOGO | SEDICIOSO |
|---|---|
| Alferes Bernardo Teixeira Ruas | Alferes Bernardo Teixeira Ruas |
| Antônio de Magalhães Silva | Antônio de Magalhães Silva |
| Antônio de Sousa Guimarães | Antônio de Sousa Guimarães |
| Antônio José de Sousa Guimarães | Antônio José de Sousa Guimarães |
| Brigadeiro Manuel Alves de Toledo Ribas | Brigadeiro Manuel Alves de Toledo Ribas |
| O Cadete Teotônio de Sousa Guerra | O Cadete Teotônio de Sousa Guerra |
| Caetano Machado Neves | Caetano Machado Neves |
| Capitão José de Sousa Lobo | Capitão José de Sousa Lobo |
| Coronel Agostinho José Ferreira | Coronel Agostinho José Ferreira |
| Coronel Antônio Rodrigues Lima | João Rodrigues Lima |
| Coronel José de Sá Bethancourt | Egídio Luís de Sá |
| Coronel José de Sá Bethancourt | Frederico Carlos de Sá |
| Coronel José Justino Gomes | Coronel José Justino Gomes |
| Francisco Silvério Teixeira | Francisco Silvério Teixeira |
| Francisco Xavier Mundim | Francisco Xavier Mundim |
| Ildefonso José Pereira | Ildefonso José Pereira |
| João da Mota Teixeira | João da Mota Teixeira |
| João Luciano de Sousa Guerra Araújo | João Luciano de Sousa Guerra Araújo |
| José Inácio do Couto Moreno | José Inácio do Couto Moreno |
| José Rodrigues Lima | José Rodrigues Lima |
| Julião Alexandre Cardoso | Julião Alexandre Cardoso |
| Manuel Teixeira de Miranda | Manuel Teixeira de Miranda |
| Miguel Rodrigues Bragança | Miguel Rodrigues Bragança |
| Pedro Muzi de Barros | Pedro Muzi de Barros |
| Reverendo Antônio José Ribeiro Bhering | Agostinho José Ferreira |
| Sargento-Mor Joaquim José Gonçalves Serra | Sargento-Mor Joaquim José Gonçalves Serra |
| Sargento-Mor Luís Maria da Silva Pinto | Sargento-Mor Luís Maria da Silva Pinto |

Obs: Nas tabelas em anexo, a informação é referenciada por fogo, e listada, quando é o caso, tomando como referência o chefe do fogo. A lista acima serve para localizar a qual sedicioso ou sediciosos corresponde o fogo que se está analisando. Por exemplo, no fogo do Coronel José de Sá Bitencourt residem Egídio Luís de Sá, Frederico Carlos de Sá e Guilherme de Sá. As informações sobre o fogo do coronel, dizem respeito, portanto, a esses três revoltosos.

# ANEXOS

Tabela 6. Condições dos habitantes nos fogos dos sediciosos localizados nos Censos

| CONDIÇÃO | CONTAGEM | |
|---|---|---|
| | ABS | % |
| Escravos | 374 | 66,7 |
| Forros | 1 | 0,2 |
| Livres | 96 | 17,1 |
| Quartados | 16 | 2,9 |
| Não informado | 74 | 13,2 |
| Total | 561 | 100 |

Tabela 7. Nacionalidade dos escravos dos fogos de sediciosos localizados nos Censos

| CONDIÇÃO | CONTAGEM | |
|---|---|---|
| | ABS | % |
| Angola | 15 | 32 |
| Benguela (Banguela) | 7 | 15 |
| Congo | 2 | 4 |
| Mina | 1 | 2 |
| Moçambique | 1 | 2 |
| Mofumbe (Mufumbe) | 2 | 4 |
| Nação | 13 | 28 |
| Rebolo | 6 | 13 |
| Total | 47 | 100 |

154  ANEXOS

Quadro 1. Relação dos quartados moradores no fogo do sedicioso Coronel José de Sá Bitencourt Câmara

| NOME DO INDIVÍDUO | CONDIÇÃO CIVIL | DESCRIÇÃO |
|---|---|---|
| Caetano de Sá | Quartado | Morador em fogo de CORONEL JOSÉ DE SÁ BETHANCOURT. Homem, Indivíduo sem relação de parentesco com o chefe, 60 anos, PRETO, morador em Caeté, distrito de VILA DE CAETÉ, ocupação: JORNALEIRO |
| Faustina de Sá | Quartado | Morador em fogo de CORONEL JOSÉ DE SÁ BETHANCOURT. Mulher, Indivíduo sem relação de parentesco com o chefe, 45 anos, PARDO, morador em Caeté, distrito de VILA DE CAETÉ, ocupação: FIADEIRA |
| Felisberto de Sá | Quartado | Morador em fogo de CORONEL JOSÉ DE SÁ BETHANCOURT. Homem, Indivíduo sem relação de parentesco com o chefe, 52 anos, CRIOULO, morador em Caeté, distrito de VILA DE CAETÉ, ocupação: JORNALEIRO |
| Inácio de Sá | Quartado | Morador em fogo de CORONEL JOSÉ DE SÁ BETHANCOURT. Homem, Indivíduo sem relação de parentesco com o chefe, 45 anos, CRIOULO, morador em Caeté, distrito de VILA DE CAETÉ, ocupação: JORNALEIRO |
| José de Sá | Quartado | Morador em fogo de CORONEL JOSÉ DE SÁ BETHANCOURT. Homem, Indivíduo sem relação de parentesco com o chefe, 63 anos, PRETO, morador em Caeté, distrito de VILA DE CAETÉ, ocupação: JORNALEIRO |
| Manuel de Sá | Quartado | Morador em fogo de CORONEL JOSÉ DE SÁ BETHANCOURT. Homem, Indivíduo sem relação de parentesco com o chefe, 50 anos, CRIOULO, morador em Caeté, distrito de VILA DE CAETÉ, ocupação: JORNALEIRO |
| Manuel Eugênio | Quartado | Morador em fogo de CORONEL JOSÉ DE SÁ BETHANCOURT. Homem, Indivíduo sem relação de parentesco com o chefe, 50 anos, CRIOULO, morador em Caeté, distrito de VILA DE CAETÉ, ocupação: JORNALEIRO |
| Maria Teodora | Quartado | Morador em fogo de CORONEL JOSÉ DE SÁ BETHANCOURT. Mulher, Indivíduo sem relação de parentesco com o chefe, 58 anos, CRIOULO, morador em Caeté, distrito de VILA DE CAETÉ, ocupação: FIADEIRA |
| Maurícia de Sá | Quartado | Morador em fogo de CORONEL JOSÉ DE SÁ BETHANCOURT. Mulher, Indivíduo sem relação de parentesco com o chefe, 35 anos, PARDO, morador em Caeté, distrito de VILA DE CAETÉ, ocupação: FIADEIRA |
| Narcisa de Sá | Quartado | Morador em fogo de CORONEL JOSÉ DE SÁ BETHANCOURT. Mulher, Indivíduo sem relação de parentesco com o chefe, 45 anos, CRIOULO, morador em Caeté, distrito de VILA DE CAETÉ, ocupação: FIADEIRA |
| Paulina de Sá | Quartado | Morador em fogo de CORONEL JOSÉ DE SÁ BETHANCOURT. Mulher, Indivíduo sem relação de parentesco com o chefe, 30 anos, CRIOULO, morador em Caeté, distrito de VILA DE CAETÉ, ocupação: FIADEIRA |
| Rufino de Sá | Quartado | Morador em fogo de CORONEL JOSÉ DE SÁ BETHANCOURT. Homem, Indivíduo sem relação de parentesco com o chefe, 28 anos, PARDO, morador em Caeté, distrito de VILA DE CAETÉ, ocupação: CARPINTEIRO |
| Simplício de Sá | Quartado | Morador em fogo de CORONEL JOSÉ DE SÁ BETHANCOURT. Homem, Indivíduo sem relação de parentesco com o chefe, 61 anos, CRIOULO, morador em Caeté, distrito de VILA DE CAETÉ, ocupação: JORNALEIRO |

# ANEXOS 155

| | | |
|---|---|---|
| Simplício de Sá | Quartado | Morador em fogo de CORONEL JOSÉ DE SÁ BETHANCOURT. Mulher, Indivíduo sem relação de parentesco com o chefe, 44 anos, CRIOULO, morador em Caeté, distrito de VILA DE CAETÉ, ocupação: FIADEIRA |
| Teodoro de Sá | Quartado | Morador em fogo de CORONEL JOSÉ DE SÁ BETHANCOURT. Homem, Indivíduo sem relação de parentesco com o chefe, 35 anos, CRIOULO, morador em Caeté, distrito de VILA DE CAETÉ, ocupação: JORNALEIRO |
| Vicência de Sá | Quartado | Morador em fogo de CORONEL JOSÉ DE SÁ BETHANCOURT. Mulher, Indivíduo sem relação de parentesco com o chefe, 26 anos, CRIOULO, morador em Caeté, distrito de VILA DE CAETÉ, ocupação: FIADEIRA |

# ESTUDOS HISTÓRICOS

TÍTULOS PUBLICADOS A PARTIR DE 2003

*Colonização e Monopólio no Nordeste Brasileiro*, José Ribeiro Júnior
*Os Conquistados: 1492 e a População Indígena das Américas*, Heraclio Bonilla (org.)
*Balanço do Debate: Transição Feudal-Capitalista*, Eduardo Barros Mariutti
*Livros de Devoção, Atos de Censura: Ensaios de História do Livro e da Leitura na América Portuguesa (1750-1821)*, Leila Mezan Algranti
*Esquecidos e Renascidos: Historiografia Acadêmica Luso-Americana (1724-1759)*, Iris Kantor
*O Sertão Itinerante: Expedições da Capitania de São Paulo no Século XVIII*, Glória Kok
*As Transformações dos Espaços Públicos: Imprensa, Atores Políticos e Sociabilidade na Cidade Imperial (1820-1840)*, Marco Morel
*A Sombra do Poder: Martinho de Melo e Castro e a Administração da Capitania de Minas Gerais (1770-1795)*, Virgínia Maria Trindade Valadares
*Negócios de Trapaça, Caminhos e Descaminhos na América Portuguesa (1700-1750)*, Paulo Cavalcante
*Independência: História e Historiografia*, István Jancsó (org.)
*Os Caminhos da Riqueza dos Paulistanos na Primeira Metade do Oitocentos*, Maria Lucília Viveiros Araújo
*O Rio da Prata e a Consolidação do Estado Imperial*, Gabriela Nunes Ferreira
*Inventando a Nação: Intelectuais Ilustrados e Estadistas Luso-Brasileiros na Crise do Antigo Regime Português (1750-1822)*, Ana Rosa Cloclet da Silva
*Vida Política em Tempo de Crise: Rio de Janeiro (1808-1824)*, Andréa Slemian
*O Patriotismo Constitucional: Pernambuco, 1820-1822*, Denis Antônio de Mendonça Bernardes
*Fronteiras Movediças: Relações Sociais na Bahia do Século XIX. A Comarca de Itapicuru e a Formação do Arraial de Canudos*, Monica Duarte Dantas
*A Experiência do Tempo: Conceitos e Narrativas na Formação Nacional Brasileira (1813-1845)*, Valdei Lopes de Araújo
*Colonialismo, Imperialismo e o Desenvolvimento Econômico Europeu*, Eduardo Barros Mariutti
*Estratificação Social e Mobilizações Políticas no Processo de Formação do Estado Nacional Brasileiro*, Andréa Lisly Gonçalves

**CTP • Impressão • Acabamento**
Com arquivos fornecidos pelo Editor

EDITORA e GRÁFICA
VIDA & CONSCIÊNCIA

R. Agostinho Gomes, 2312 • Ipiranga • SP
Fone/fax: (11) 2061-2739 / 2061-2670
e-mail: grafica@vidaeconsciencia.com.br
site: www.vidaeconsciencia.com.br